はじめての災害学

A Beginning Study of Disaster

佐伯　琢磨

Saeki Takuma

神戸学院大学出版会

はじめに

この本は、神戸学院大学現代社会学部社会防災学科の講義「社会防災の基礎Ⅱ」（1年生向け必修科目）と「自然災害学Ⅰ」（2年生向け選択科目）の内容を、災害学の初学者にもわかりやすいように、まとめたものです。したがって、学術的な厳密性には欠けることを、特に専門家の皆様には、ご理解いただきたいと考えています。

この本では地震や台風などの自然災害にとどまらず、交通事故などの事故災害や原子力発電所の風評被害も扱っており、巻末に特別編として災害に対するリスクマネジメントの内容も載せていますので、災害について、広く浅く勉強することを意図しています。この本がきっかけで、より深く災害や防災について学び、それらの知識を活かして社会で活躍する人が増えることを期待しています。

2023年1月

佐伯　琢磨

目　次

第１章

地震による災害

１．１．地震の揺れによる災害

まず、地震による揺れがもたらす災害について説明します。その前に過去の地震災害を振り返りたいと思います。

1995（平成7）年に起きた兵庫県南部地震、この名前は聞き慣れないかもしれませんが、地震の名前は「兵庫県南部地震」で、それによって引き起こされた災害の名前を、「阪神・淡路大震災」といいます。

この地震で死者6434人、行方不明者３人、重傷者１万人、軽傷者３万人の被害者をだしました。壊れた全壊住家が10万５千棟、半分ぐらい壊れた半壊住家が14万４千棟、また火災も起きました。火災による全焼住家は７千棟ということです。直接被害額は10兆円ということで、ちょっと見当がつかないと思いますが、日本の国家予算は年間100兆円といわれていますので、その10分の１ぐらいの被害額が一気に出てしまったということです。

写真１－１は、神戸市灘区内の木造２階建ての古い建物ですが、１階部分が地震のため潰れています。

写真１－２は、三宮の神戸交通センタービルです。非木造建物の被害ですが、1層部分が潰れている、中間層崩壊という形式の壊れ方です。このように木造建物だけではなく、非木造建物も大きな被害を受けました。

写真１－１　木造建物の倒壊　　＜出典＞神戸市：阪神・淡路大震災「1.17の記録」

写真１－２　非木造建物の中間層崩壊　　＜出典＞神戸市：阪神・淡路大震災「1.17の記録」

このほか兵庫県南部地震では、同時多発的に火災が発生し、消防の力が追いつかず大きな被害になり、また阪神高速3号線（大阪から神戸に行く高速道路）が、神戸市東灘区の深江の辺りで高速道路が横倒しになりました。高速道路の下には国道43号線が通っています。兵庫県南部地震における経済被害は先ほど10兆円と説明しましたが、兵庫県が正確に発表している数字は9兆9000億円で、そのうち建物被害額は5兆8000億円です。

私は以前、損害保険関係の法人で地震保険に携わっていたので、地震保険がどのくらいお金を支払ったかについて説明したいと思います。

地震保険、つまり損害保険会社が扱っている住宅地震向けの保険ですが、支払保険金は783億4700万円、支払件数6万5427件でした。この783億円という金額だけを見ると、支払いが多いように感じますが、全体の被害が9兆9000億円なので、これを保険がカバーした割合としてはかなり小さい部分でしかないということです。原因としては、当時兵庫県では地震は起こらないと考えている人が多かったので、地震保険の加入率（＝地震保険加入件数／世帯数）は3%以下でした。つまり、地震保険が普及していなかったので、支払保険金も少なかったのです。損害保険会社が扱っている住宅向けの地震保険以外に、JA全共済が扱っている自然災害共済と同じような補償内容のものがありますが、これらは共済金支払額1188億円で、支払件数10万件くらいでした。

続いて、2011（平成23）年の東日本大震災のことを説明します。この地震自体の名前は、「東北地方太平洋沖地震」ですが、この地震によって引き起こされた災害が「東日本大震災」ということです。

東日本大震災の被害のまとめは、2022（令和4）年の消防庁災害対策本部の第162報によると、死者1万9759人、行方不明者は2553人ですが、今も行方不明者の捜索は続いています。

東日本大震災の経済的被害は16兆9000億円、先ほどの阪神・淡路大震災の9兆9000億円よりも多いということです。それから住宅向け地震保険の支払い保険金は、阪神・淡路大震災では783億円だったのですが、東日本大震災では1兆2346億円とだいぶ増えました。経済的被害が16兆9000億円に対して、住宅向け地震保険支払い保険金が1兆2346億円ということで大体10分の1弱位までカバーしています。これは、1995年の阪神・淡路大震災以降、地震保険が必要だと考える人が多くなり、地震保険の加入数が増えたためです。2011年の宮城県の地震保険の加入率が大体30%から40%だったといわれているので、阪神・淡路大震災当時の兵庫県の３%よりも、かなり多くの人が地震保険に加入していたので、地震保険の保険金支払いも増えたということです。それから上記以外の損害保険、住宅向け以外の企業向け地震保険では5968億円、JA共済連などの共済は7850億円だったということもわかっています。以上、阪神・淡路大震災、東日本大震災の地震について振り返ってみました。

地震の揺れによる被害について、地震発生のメカニズム的なことを説明します。

地震に関する用語ですが、基本的なことを説明しますので、ぜひ覚えてください。中学校や高校の理科の授業のとき習っていると思いますが、混乱している人が結構います。

１つはマグニチュードについてです。マグニチュードとは地震そのものの規模を表す尺度のことです。M7.0というように表します。

もう１つは震度です。震度とは地震の波形を処理して人体感覚に合うように地震動の強さを表現した尺度で、その時点の揺れの強さを表します。例えば、その地点は震度５強でしたというように表現します。

覚えてもらいたいのは、マグニチュードと震度の違いです。マグニチュードは地震そのものの規模を表すということ、震度というのはその地点の揺れの強さを表すということを、ぜひ覚えてください。

日本周辺で発生する地震には、図１－１に示すように、２つのタイプがあります。

１つは右側の海溝型地震です。代表的なのは2011年東北地方太平洋沖で、地震の災害名としては東日本大震災ですが、こちらは海側のプレートが陸側のプレートに沈み込みます。沈み込んで、また沈み込んで、陸側のプレートが耐えきれなくなって跳ね上がります。跳ね上がったところが、この図だと海なので、跳ね上がりのエネルギーが海に伝わって津波が起こるということです。プレート境界を断層面として発生する地震です。プレート境界とは海側プレートと陸側プレートの境目のことです。時としてＭ８級に達する海溝型巨大地震、東日本大震災の場合はマグニチュード９でしたが、100年から200年の再来間隔を持っ

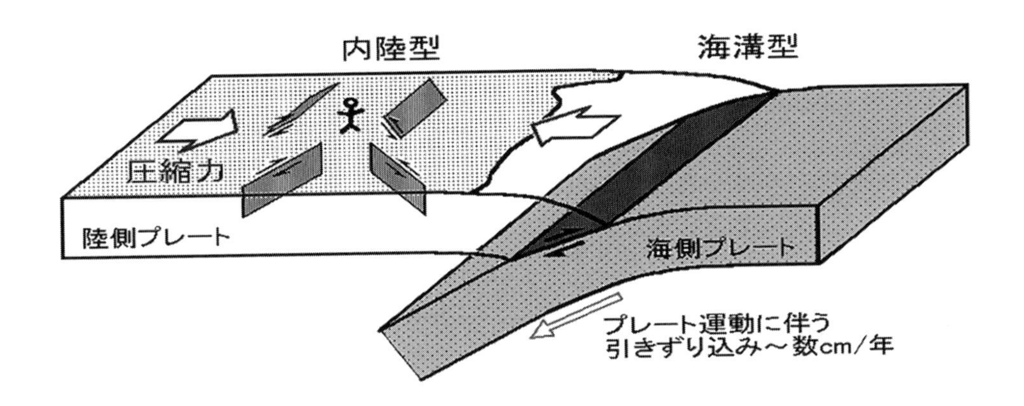

図1－1　海溝型地震と内陸型地震の発生メカニズム
（出典：防災科学技術研究所ホームページ、http://www.bosai.go.jp/index.html）

て起きるということです。東日本大震災は、2011年に既に起きてしまいましたが、今後30年以内に起こる可能性が高いといわれているのが、西日本の南海トラフ地震で、それもこの海溝型地震になります。和歌山県や高知県などに大きな津波が来ると予想されている海溝型地震が南海トラフ地震です。

一方、左側の内陸型地震の代表的なのは、1995年に発生した兵庫県南部地震、つまり阪神・淡路大震災です。これは海側のプレートが陸側のプレートに潜り込んで、さらに潜り込んで、陸側のプレートに歪みが溜まるというのは、海溝型地震と変わらないが、海側の境界の部分で跳ね上がるのではなくて、陸側のプレートの中で割れたのです。この図で説明すると、陸側のプレートの中に断面があり、そういったところでヒビが入るのが内陸型地震といい、この断面を活断層といいます。地震の大きさは、マグニチュード7級止まりで、先ほどよりも1回りも2回りも小さい地震です。特定の断層における地震の繰り返し周期は数千年から数万年で、めったに起こらないことですが安心してはいけません。1つの断層が動くのが数千年から数万年の間ということですが、日本には活断層がたくさんあるので、そのうちのどれかが動くということになると、結構頻繁に地震が起こるということになります。

次に、兵庫県南部地震と東北地方太平洋沖地震の震度分布の比較をします。マグニチュードと震度の関係を覚えてくださいと言いましたが、その関係がどのようになっているかを説明します。

兵庫県南部地震のマグニチュードは7.3でした。淡路島の北端、明石海峡の辺りが震源で地震が起こったのですが、震度分布では神戸と淡路島の洲本で震度６、大阪では震度４、京都では震度５でした。マグニチュードが小さいといえば、ちょっと語弊がありますが、マグニチュードが7.3位の地震では、震源地のすぐ近くの神戸とか洲本は震度６ですが、ちょっと離れると震度が減っていき、京都では５、大阪では４、名古屋だと３、東京だと１になります。

これに対して、東北地方太平洋沖地震は、マグニチュードは9.0、エネルギーでいうと兵庫県南部地震の1000倍ということになります。震度分布としては、震度６が強・弱と分かれていますが、震度６弱以上の範囲が広く、岩手県あたりから茨城県あたりまで震度６弱以上になります。マグニチュードが大きな地震では、震度が大きく範囲が広くなります。

兵庫県南部地震では震度６以上は神戸と洲本だけだったのですが、この地震では、震度６弱以上の範囲がとても広くなりました。このようにマグニチュードが大きいと、震度の大きい範囲が広く、マグニチュードが小さいと震度の大きい範囲が小さくなります。別の言い方をすれば、兵庫県南部地震は、マグニチュードが7.3と比較的小さく、震度６以上の震度の大きな範囲は、神戸と洲本だけだったのですが、地震の起こった場所が神戸に近く、場所的な条件が悪かったため、神戸が壊滅的な被害を受けました。

１.２. 地震による揺れの特徴と被害

東北地方太平洋沖地震と兵庫県南部地震について、地震計で観測された地震波形を比較すると、東北地方太平洋沖地震の時の千葉県浦安市は、揺れとしてはそんなに大きくはないですが、継続時間がかなり長く５分以上続いていました。一方、兵庫県南部地震の時の神戸市鷹取では、揺れの継続時間は50秒位で終わっていますが、揺れの振幅がとても大きいという特徴があります。

さらに、東北地方太平洋沖地震の浦安の地震波形は、後のほうになるとユラユラとした揺れが出てきます。そういうユラユラとした地震の揺れは、長周期地震動と呼ばれています。

マグニチュードの大きな地震では、小さな地震に比べて、ユラユラした周期の長い成分、つまり長周期地震動が多く発生します。ユラユラの反対は、ガタガタなのですが、ガタガタした周期の短い揺れは遠くまでは到達しません。しかし、ユラユラした揺れ長周期地震

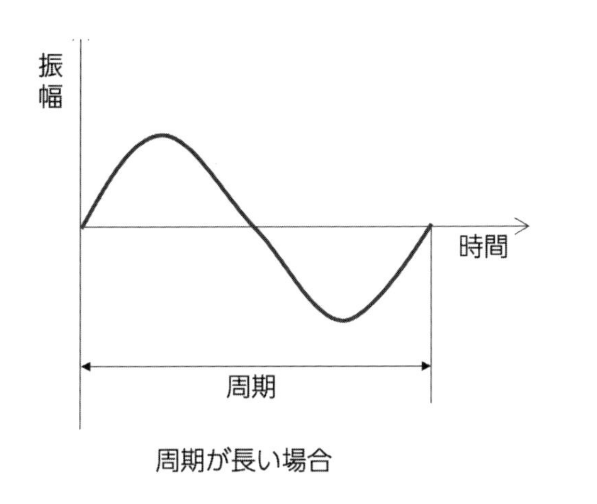

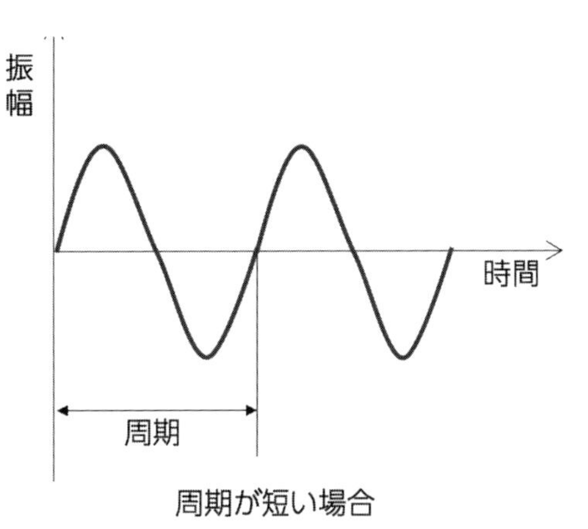

図1－2 地震の波の周期（筆者作図）

動は、遠くまで到達する性質があります。この長周期地震動に、特に弱い建物があります。

高層建物などの固有周期の長い建物です。ユラユラした長周期地震動が、固有周期の長い高層建物などに入ると、共振を起こし、大きく揺れます。

建物の固有周期とは何でしょう。固有周期とはその物体が最も揺れやすい周期で物体の性質によって固有の値をとる、物体によってどの周期で揺れやすいかというのが決まっている、固有であるということです。補足として木造建物では固有周期が1秒以下、超高層ビルでは2秒から6秒とされています。建物固有周期が、地震の揺れの周期と一致すると建物が共振し、つまり共に揺れて建物の揺れが大きくなります。これが共振という現象です。

東日本大震災の時には、震源から遠く離れた大阪で、大阪府咲洲庁舎という高さ256mの超高層建物を揺らしました。どういう被害を受けたかというと、エレベーターがまず壊れたのです。超高層建物とかタワーマンションに住んでいる場合、遠くで起こった地震だと安心しないで、長周期地震動というユラユラした揺れにより、被害を受けしまうことがあるということを覚えておいてください。

地盤の固さと揺れの関係ですが、柔らかい地盤をプリンに、固い地盤を羊羹に例えると、なぜ柔らかい地盤の方が固い地盤の方より揺れが大きくなるかがわかります。それぞれ揺すってみるとわかるでしょう。プリンの方が羊羹より大きく揺れるはずです。揺れ方も注目すると、プリンの方がユラユラ長い周期で揺れて、羊羹の方がガタガタとした短い周期で揺れるという違いがあります。

大きく揺れるプリンみたいな柔らかい地盤に立っている家は、建物が壊れるのを待つしかないのかといえばそんな事はないのです。ちゃんと耐震補強すれば大丈夫です。どういう風に耐震補強するかの代表例としては、図１－３にあるように、筋(すじ)かいを入れて耐震補強すると地震に強い建物になります。

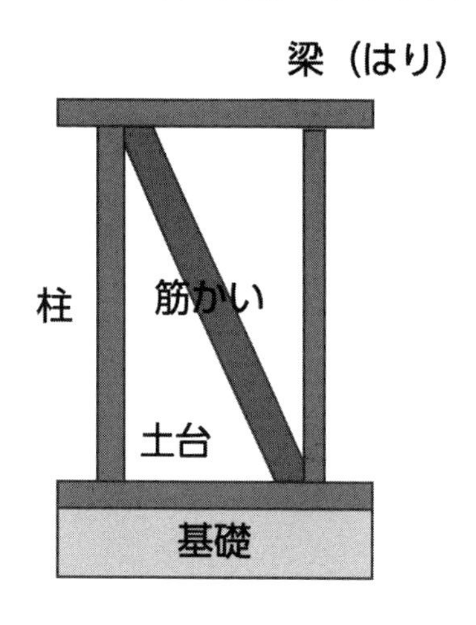

図１－３　筋かいの図（筆者作図）

地震の波形は、そのまま見てもよくわかりませんが、その複雑な波形を分解して見やすくしたものに、スペクトルというものがあります。詳しくは、大崎順彦著「地震と建築」（岩波新書）に記載されていますが、まず、複雑な地震波形を、色々な周期と振幅の正弦波（サインカーブ）に分解して、その色々な周期の波が、それぞれどれぐらいの振幅を持っているかを求めます。そうすると、複雑な地震の波形が、どのような周期の波を多く含んでいるかがわかります。このスペクトルを見ると、地震の波形を見ただけではわからない、ユラユラした長周期成分を多く含むとか、ガタガタした短周期成分が多いとか、その波形の内訳がわかります。

東北地方太平洋沖地震と兵庫県南部地震の揺れの違いについて、今までの説明をまとめると、次の３点に集約されます。

①兵庫県南部地震（阪神・淡路大震災）の神戸では、１秒くらいの周期の揺れが多く、それが木造建物を破壊した。

②東北地方太平洋沖地震（東日本大震災）の東北では、１秒よりもっと短い周期の揺れ

が多く、木造建物にはあまり影響がなかった。

③東北地方太平洋沖地震（東日本大震災）のとき、大阪には6～8秒のユラユラした揺れが到達し、それが大阪府咲洲庁舎（高さ256m）のような超高層建物に被害を与えた。

1．3．地盤の液状化

次に、液状化などの地盤災害について説明します。

液状化の被害事例が顕著であったのは1964年の新潟地震でした。最近では、2011年の東日本大震災においても千葉県浦安市などで、液状化の被害がありました。液状化とは地面がズブズブに液体みたいになってしまい、そして砂が吹き上げたりする現象です。埋立地で、あまり液状化の対策がされていないところを中心に被害が多発しました。

液状化が発生する3要件を、あげておきます。

①ゆるい砂質土

②地下水位が高い

③強い揺れが加わる、あるいは継続時間が長いこと

逆にいうと、この3要件が揃っているところは埋立地でなくても、液状化の被害が起こりうるということです。2018年の北海道胆振東部地震では、札幌市清田区という内陸の山の中のほうで液状化が起こり、道路が陥没したり、建物が傾いたりしました。ここはもともと地形が谷であり、埋立地ではないが水はけが悪いということで、水が地上近くまで来ていたということです。内陸でも液状化が起こることがあるので、埋立地でなくてもちょっと注意が必要ということです。

阪神・淡路大震災の時、神戸学院大学ポートアイランドキャンパスも大きな被害を受けました。そのポートアイランドが地震で液状化を起こし、地盤がずれたことによって、水道管も壊れ、神戸大橋自体も壊れて使えなくなりました。その結果、ポートアイランドには神戸市立医療センター中央市民病院という大型病院（二次圏）があります。地震が起こったときには、患者さんをこの病院に運ばなければならなかったのですが、陸側の三宮方面から患者さんを運んでこようと思っても、途中の神戸大橋が壊れたので、患者さんを搬送

できないという事態が起こりました。逆に、ポートアイランドの人は、三宮の方面に行けなくて、陸の孤島になってしまいました。ポートアイランドのような人工島の防災上の弱さを露呈してしまったのです。現在は、阪神・淡路大震災当時、工事中であった港島トンネルが開通し、三宮側とポートアイランド側とは、神戸大橋と合わせて２つのルートが確保されたので、陸の孤島になってしまようなことはもう起こらないと思います。

本章の最初に、千葉県浦安市で液状化が起こったという説明をしましたが、東京ディズニーリゾートは千葉県浦安市にありますが、東日本大震災の時はあまり液状化しなかったといわれています。これはなぜでしょう。東京ディズニーリゾートは、建設時に液状化対策として、敷地全体を約 10 ～ 15 メートルの深さまで地盤改良をしていたのです。東京ディズニーリゾートを運営しているオリエンタルランドは地盤対策に力を入れており、建設前に地盤改良を行っていたのです。そのため東京ディズニーリゾートは、東日本大震災の時に、ほとんど液状化を発生しなかったということです。どういう対策をしていたかというと、地盤改良は主にサンドコンパクションパイル工法という、強固に締め固めた砂の杭を打つという地盤改良していたとのことです。

オリエンタルランドが、震災に備えて対策していたのは、液状化対策だけではありません。

震災の際に、家計で真っ先に削られるのは、遊園地に行くなどの娯楽費用であることを、あらかじめ見越して、震災に際に損失費用を賄うことができる CAT ボンド（大災害債券）を、日本で初めて発行したということでも有名です。

１．４．地震時の行動・対応

最後に、地震時の行動対応について説明します。

まず家具の固定の重要性についての説明です。家具を固定している場合としていない場合の転倒率の違いがあります。家具の転倒というと、軽い被害だと思うかもしれませんが、1995 年の兵庫県南部地震（阪神・淡路大震災）では、タンスなど重い家具が倒れて、ケガをしたり、亡くなった人がたくさんいます。

家具転倒に対して、どのような対策をするかというと、もちろん壁に固定するのもいいのですが、上下に分かれている家具は金具で連結して固定したり、開き戸のある場合は開かないように留め具をつける、ガラス扉などにはガラスが飛び散らないように飛散防止フィルムを貼る、固定できない場合は天井に突っ張り棒を入れるなどの対策があります。

家具の配置の工夫もいります。出入り口付近に大きな家具を置くと、地震の時に倒れて避難することができないので、出入り口付近には大きな家具は置かないことです。

そしてもう1つ大事なのは、特に寝室には家具を置かないようにするか、家具が倒れないように、きちんと固定しておきましょう。寝ている時は、身動きが取れないので、タンスのような大きな家具が倒れてきたら、大ケガするか、亡くなってしまいます。先ほども説明しましたが、阪神･淡路大震災の時も、タンスが倒れて亡くなった人が大勢いますので、きちんと対策をしてください。

それから水の大切さです。日頃からの備えということで、水は生命維持必要量として1人1日3リットルといわれていますがこれは本当に最低限の量です。限界最低限としては、1人1日あたり12.5リットルといわれています。この内訳は、飲用2.5リットル、トイレなどの雑用が10リットルぐらい必要ではないかということです。常に風呂桶に水を貯めておくと、この雑用のほうは足りるのではないかと思います。

それから大地震の時は電話がかかりにくくなります。一気に電話回線が利用者で集中するからです。そして電話会社は電話回線がパンクするのを防ぐために、直接話ができなくてもダイヤル171という災害用伝言を設け、ダイヤル171に録音して、家族が再生することにより、自分がどこにいるかを家族に知らせることができます。録音するときは、171のあとに1を押し、続いて自宅の電話番号、これは固定電話でも携帯電話でもどちらでもいいそうですが、電話番号を入力します。再生するときは171のあとに2を押し、自宅の電話番号を押すということです。このサービスは、災害のない通常時でも、試しに使うことができる日があります。毎月1日と15日、正月3が日、防災週間、防災とボランティア週間などで、一度試しに練習してはいかがでしょうか。なお、これはNTTのサービスですが、ドコモ・au・ソフトバンクなどの携帯電話会社も、独自に災害伝言ダイヤルを設けていると思いますので、そちらもチェックしてみてください。

2章

津波による災害

この章では津波による災害について説明します。

皆さん、津波と一般の波との違いは、何だと思いますか。

津波と一般の波との違いは、図２－１にイメージを示した通り、一般の波というのは、左側の図にあるように海面から見て高いところと低いところがあるというこのような状態になっています。これに対して津波というのは、右側の図にあるように普段の海面から見て全部の部分が高くなっているというものです。

このように、津波は水の塊としてやってくるというイメージを持っていただけるといいと思います。

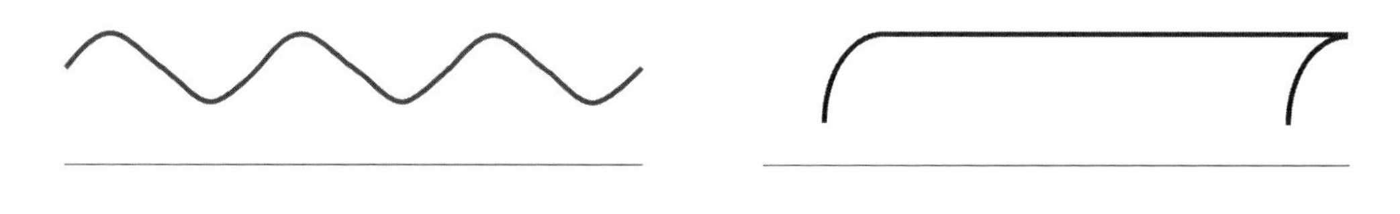

一般の波の場合　　津波の場合

図２－１　一般の波と津波との違いのイメージ（筆者作図）

津波で注意するべきことは、以下６つがあります。

①津波は繰り返し何度も来襲する
②第一波が最大とは限らない
③「波が引くと津波が来る」は正しいが、「波が引く前にやってくる」津波もある
④地震の揺れは小さいのに津波が襲来することがあります

⑤リアス式海岸では津波の被害が大きくなりやすい
⑥急いで高所へ避難する

<出典>中村和郎監修：よくわかる地理、学研　などより引用

この中では、特に①と②が大事です。①津波は繰り返し何度も来襲します。②そのうちの第一波が最大とは限りません。第一波が大丈夫だったからといって、家に戻ったところもっと大きな第二波が来たというのが、東日本大震災でかなりいわれていますので、第一波が最大ではない、最大とは限らないということにも留意してください。それから③波が引くと津波が来るは正しいが、波が引く前にやって来る津波もあるということです。④地震の揺れは小さいのに津波が襲来することがあります。これは、普通は地震の揺れがあった後に津波がやってくるのですが、地震の揺れをほとんど感じなくて津波がやってくる場合があります。この代表例として、1605年の慶長地震という南海トラフの地震があります。それから、⑤リアス式海岸では津波の被害が大きくなりやすい。これは、リアス式というのは入り組んだ地形で、その湾奥の部分で津波の被害が集中するということです。それから、⑥急いで高所へ避難するということも大事です。

１章で説明したように、日本周辺で発生する地震には、２つのタイプがあります。海溝型地震と内陸型地震です。図１－１に、それぞれのタイプの地震の発生メカニズムを示しています。このうち、海溝型地震の代表例は東北地方太平洋沖地震、いわゆる東日本大震災ですが、これは海側のプレートが、潜り込んで、潜り込んで、陸側のプレートがそれに引きずられて、ひずみが溜まり、あるところで耐えきれなくなって跳ね上がるというものです。跳ね上がったところの上が海だと、津波が起こります。

海溝型地震は、大体マグニチュードの大きさとしては、８から９という巨大地震です。これが100年から200年の再来間隔をもって起こるということで、実は西日本で心配されている南海トラフの地震も、このタイプです。南海トラフでは、前に起こったのが1944年東南海地震と1946年南海地震ですから、もうすぐ次の南海トラフの地震が起こるのではないかというようにいわれています。

日本付近では、図２－２のように日本付近には４つプレートが集中しています。太平洋プレート、フィリピン海プレート、陸側のプレート（北アメリカプレート、ユーラシアプレー

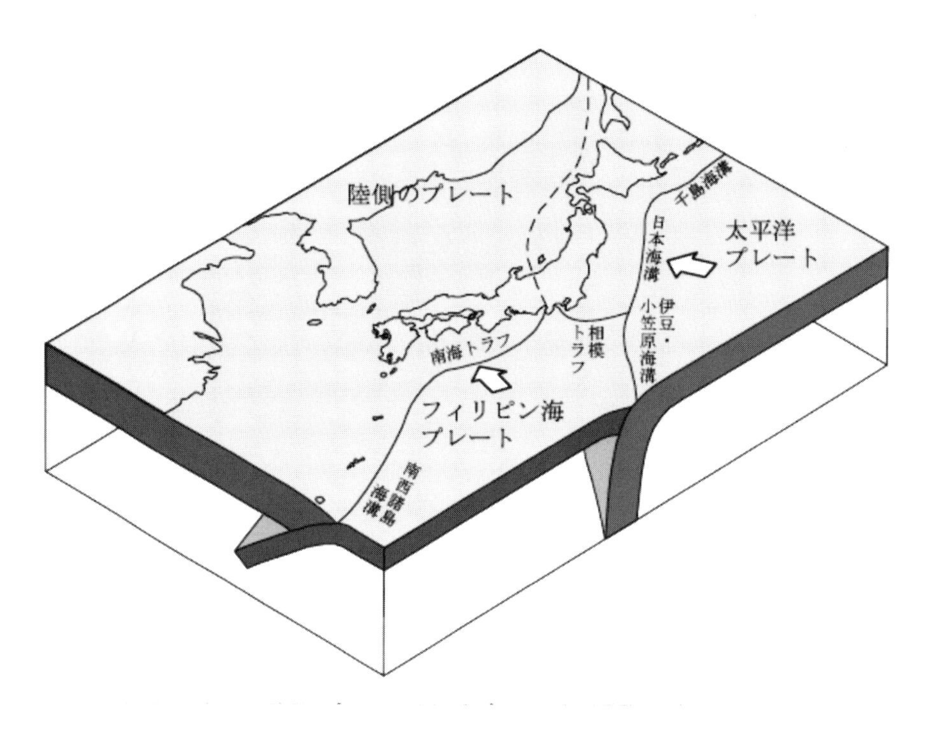

注）
図中の矢印は、陸側のプレートに対する各プレートの相対運動を示す。
日本海東縁部(図中の点線)に沿って、プレート境界があるとする説が出されている。
資料:地震調査研究推進本部地震調査委員会編
「日本の地震活動ー被害地震から見た地域別の特徴-<追補版>」

図2－2　日本列島とその周辺のプレート　　＜出典＞内閣府：平成22年度版防災白書

ト）という、４つのプレートが集中しているということです。

海溝型地震についてもう少し詳しく説明すると、東日本大震災はこの図の日本海溝というところで起きました。日本海溝というのは、太平洋プレートが陸側のプレートの下に潜り込んで、陸側のプレートにひずみが溜まり、跳ね上がって津波が起こったというもので、その日本海溝のところで跳ね上がって津波が起こったというのが東日本大震災です。これと同じような形式のところが、南海トラフという西日本の方にあって、これは南からきたフィリピン海プレートが陸側のプレートの下に潜り込んで、陸側のプレートにひずみが溜まり、跳ね上がるというものです。その跳ね上がるところが南海トラフで、そこで津波が起こるということです。

次に、南海トラフ地域での、これまでの地震活動の様子を説明します。

南海トラフは、図２－３のようにＡ、Ｂ、Ｃ、Ｄ、Ｅという５つの部分に分割することができます。

1605年の慶長地震はＡからＥまで全て動いたということです。ちなみにこの慶長地震は先ほど津波の注意すべきことで説明したように、揺れをほとんど感じないで、津波だけがやってきた地震です。

それから102年後の1707年、これもＡからＥまで全て動いた宝永地震というのがあります。この宝永地震の時はＡからＥまで全て動いた巨大地震だった上に、その49日後に富士山が噴火（富士山宝永噴火）したのです。

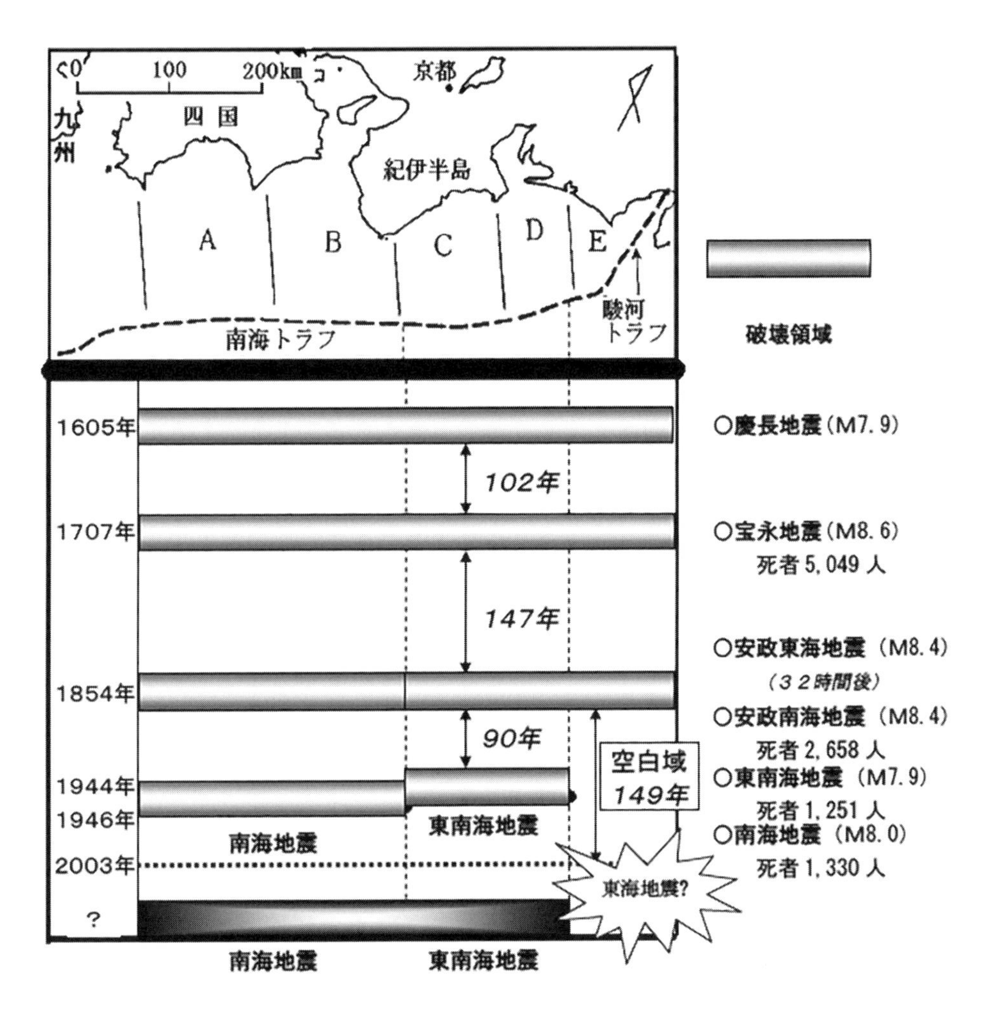

図２－３　南海トラフ地域での地震活動の様子

＜出典＞中央防災会議：「東南海・南海地震等に関する専門調査会」、2003年12月）

それから147年後の1854年には、今度はまずC、D、Eの部分が安政東海地震として動きました。それから32時間後にA、Bの部分が安政南海地震として動きました。ですから32時間の時間差で2つに分かれて地震が起こったということです。

それから90年後の1944年に、今度はCとDの部分が東南海地震として動いて、その2年後の1946年に南海地震として、AとBの部分が動きました。

この時にEの部分が動いていないので、Eの部分を中心とする東海地震が起こるのではないかということを長いこといわれていたのですが、今まで南海トラフはEの部分だけで単独で動いたことはなく、いまの時点でも動いていないので、このEの部分は、次のAからDまでのプレートが動く時と同時に、南海トラフの巨大地震として動くのではないかと、現在では考えられています。

その南海トラフの地震、もし起こったとするとどういうことになるか、2012年の被害想定結果をもとに説明します。南海トラフは、九州から静岡県の辺りまで広がっているので、被害もその地域を中心に出ます。

一番被害の大きい予想は四国や近畿ですが、特に、高知県、徳島県、和歌山県、三重県です。それらの地域は、地震の揺れも大きいし、津波も大きいのです。例えば高知県西部の黒潮町や土佐清水市は34mの津波が、地震発生後4分から8分ぐらいでやって来ると予測されています。もちろん震度は7です。それと和歌山県は、紀伊半島の一番先にある串本町や新宮市という地域では、14mから18mの津波が、地震発生後に2分から4分ぐらいでやって来ると予測されています。

東海地方では、浜岡原発という原子力発電所が静岡市の西隣にあります。ここに19mの津波が地震発生後5分でやってくるのではないかということで、東日本大震災の時の福島第一原発のようなことにならなければいいなと思います。

それでは南海トラフ津波に備えてどういうことをすればいいのか、東日本大震災の教訓を説明したいと思います

まず1つがハード対策、例えば堤防を高くするなどをすればいいのか、それともソフト対策、例えば避難、とにかく高台に逃げるなどをすればいいのかということです。

まずハード対策として岩手県宮古市の田老というところの津波堤防の説明をします。この田老というところは岩手県宮古市の宮古駅から三陸鉄道の列車に乗って、北に少し行っ

たところです。その田老の駅を降りると、高さ10mの津波堤防二重に張り巡らされています。このように田老というところでは、何でこんな大きな津波堤防を作ったかというと、三陸地方では明治と昭和初期に大津波を経験していて、明治の三陸大津波の時は、田老町（現宮古市田老）では2000人もの住民が亡くなっています。そのことを教訓にして、田老では高さ10mの津波堤防を二重に整備しました。

これでもう将来に津波に対して大丈夫と思ったところ、2011年の東日本大震災が起こってしまった結果、津波がその堤防を越えてしまって200人弱が亡くなったのです。先ほど、津波は第一報が最大とは限らないと説明しました。この時は、第一波の津波は10m以下だったので、高さ10mの津波堤防を越えなかったようで、それでそこの住民の人たちが安心してしまったのか、家に戻ったり、避難をしなかったりした人がいたようです。そこに第二波として10mを越える津波がやって来て、堤防を越えて住民の人たちを飲み込んでしまったのです。結果200人弱の方が亡くなってしまいました。原因としては、津波堤防があったことで住民が安心し、避難をしなかったためともいわれています。

それからソフト対策として、同じく岩手県の釜石市の小中学生の防災教育の説明をします。釜石の防災教育者として、東京大学（元・群馬大学）の片田敏孝先生がいます。この先生は、2004年から釜石市の危機管理アドバイザーをしており、釜石の小中学生を対象にした防災教育に携わっていました。2004年ということは、2011年の東日本大震災の前からということです。

岩手県釜石市は、東日本大震災で1000人以上が津波の犠牲となってしまいました。これは大人を中心に1000人以上が亡くなったということでした。釜石の小中学生に限ってみると生存率は99.8%、ほとんど亡くなっていないということです。学校管理下では100%、つまり学校を休んでない子に関しては、100%助かったということです。

これは、片田先生が進めた釜石の小中学生への防災教育の効果です。しかし学校管理下外、当日学校を休んだ子など5名の死亡があったことで、片田先生は防災研究者として敗北したと語っています。

釜石市において小中学生を中心に地域住民を巻き込んだ防災教育を実践されていた片田先生は、「大津波からの避難の三原則」というのがあると説いています。

これは、まず「1番目が想定にとらわれるな、2番目が最善を尽くせ、3番目が率先避難者たれ」という３つです。

まず１番目の想定にとらわれるな、これは先ほどの田老の説明をしましたが、田老の津波堤防は、明治の三陸大津波を教訓に作られたということで、もうそれ以上の津波は来ないだろうと考えている人が多くいました。しかし、東日本大震災では実際に、その想定を超えたわけですから、過去の津波が大丈夫だからといって、今度の津波がそれ以下とは限らない、それ以上のものが来るかもしれないということを絶えず頭の片隅に入れておかなければいけない、ということで想定にとらわれるなということを説いています。

それから、２番目の最善を尽くせというのは、その被害想定ではここまで高いところに逃げれば大丈夫だと書かれていたとしても、それ以上の津波が来るかも知れないので、もっと高いところに逃げられるのであれば、もっと高いところに逃げようという意味で、最善を尽くせと書いています。

３番目の率先避難者たれというのは、小中学生を中心に地域住民を巻き込んだ防災教育と書いてありますが、特に小中学生を引き連れて、まず中学生が逃げて、それについて小学生が逃げて、それに地域住民のおじさんとかおばさんとかそういう人たちを巻き込んで避難するのだ、ということで、まず自分たちが率先避難者になれということを説いています。

東北地方には、「津波てんでんこ」という言葉があります。津波の時には、てんでんバラバラに逃げろという意味で、これは自分勝手に逃げろというふうにとられると冷たい言葉のように思われますが、片田先生はこの言葉の理解について、以下の２点をあげています。

まず１番目は、老いも若きも一人一人が自分の命に責任を持つということです。それから２番目として、一人一人が自分の命に責任を持つということについて、家族がお互い信頼し合おうということを説いています。

それから釜石は湾口防波堤という世界一の防波堤としてギネスブックに載っている巨大な構造物を、釜石湾の入口の所に大きな防波堤を作りました。この湾口防波堤は1978年に着工して2009年に完成し、30年余りかけて作ったもので、総工費が1200億円以上でした。水面上の数メートルをあわせると実に70m級の堤防で、これを釜石湾の入り口を防ぐような形で張り巡らせたということです。この湾口防波堤のおかげで、東日本大震災の津波は、ある程度のパワーは低減しました。それでも今回釜石では、大人を含めると1000人ぐらいが亡くなっているということですから、津波のパワーはいかにすごかったか、こういうことがあっても、また被害者が出てしまったということです。

この湾口防波堤をめぐるエピソードとして、湾口防波堤が完成してから東日本大震災が起こるまでのある日、片田先生が釜石での防災講演の後、地元の住民に呼び止められたときの話があります。その住民がいうには、「釜石にはもう立派な湾口防波堤があるから、もう津波が怖い、怖いというのは、やめてくれ」といわれたそうです。それでも片田先生は、その住民にこう話しました。

「湾口防波堤は、明治三陸津波を想定して作られたものであり、この次の津波がそれより大きかったらどうしますか？湾口防波堤があっても、津波が来たら逃げなくてはならないし、何よりも防波堤ができたから安心だと判断されるあなたが危険なのですよ。」

これはあの東日本大震災が起こる前の話ですから、なかなかこういうことはいえないと思います。やっぱり片田先生は、立派な先生だと思います。

片田先生の話は以上です。もっと詳しいことを知りたい人は、片田先生の著書「人が死なない防災」(集英社新書)という本が出版されていますので、そちらをぜひ読んでください。

3章

火山噴火による災害

次に火山噴火による災害について説明します

世界は地球の表面を覆うプレートとして、十数枚のプレートに覆われています。その境目を中心に、地震の震源の分布があります。太平洋を取り囲む形で地震が発生している地域を環太平洋造山帯といい、火山活動とも一致しています。図３－１は、世界の地震の震源分布図ですが、それとほとんど同じような図として、図３－２に世界の火山の分布図があります。やはり太平洋を取り囲む形で火山がたくさんあるということと、ヨーロッパとアフリカにも若干あることは一致しています。

火山は、このようにプレートの境界に多いが、例えば火山で有名なハワイのように、プレート境界でないところにも存在します。火山はプレートの境界、つまりプレートの湧き出しと、境界沈み込み帯にあたるところに多いのですが、これに加えてプレートの中でも火山活動があることは知られています。このような場所をホットスポットと呼ばれていて、ハワイは、このホットスポットとして有名です。

火山災害は、大きく分けて２種類に分類されます。

１つは、火山噴出物そのものが噴出流下、堆積するなどによる災害であり、火山塊、火山レキ、火山灰、火砕流、火山ガスなどがその要因となるものです。要するに、火山の噴出物そのものが、被害を与えるという直接的な被害です。

もう１つは、火山噴出物が海洋、湖沼、湖や河川などに突入して発生する泥流や津波、また火山噴火に伴って発生する地震、地盤変動、地形変化などによって引き起こされる二次的な災害があるということです。要するに、間接的に被害を与えるという二次的災害が

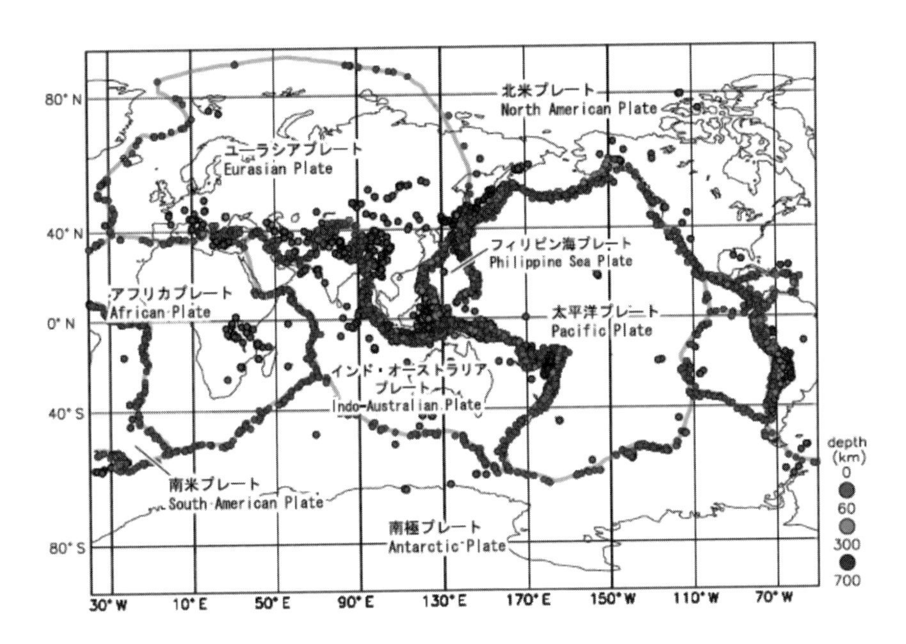

(注)　2000~2009年, マグニチュード5以上。
資料: アメリカ地質調査所の震源データをもとに気象庁において作成。

図3－1　世界の震源分布とプレート

＜出典＞内閣府：平成22年度版防災白書

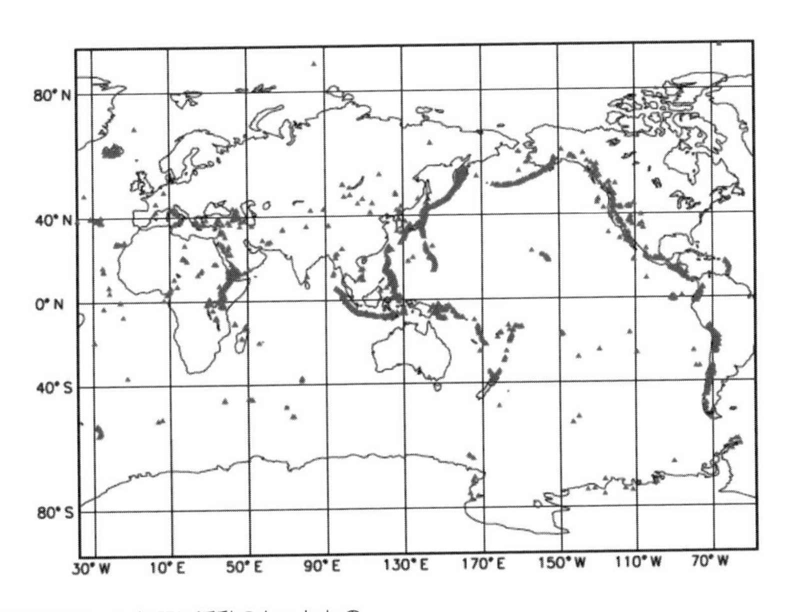

(注) 火山は過去おおむね一万年間に活動のあったもの。
資料: スミソニアン自然史博物館 (アメリカ) の Grobal Volcanism Program による火山データをもとに気象庁において作成。

図3－2　世界の主な火山　　＜出典＞内閣府：平成22年度版防災白書

あります。

火山噴出物による直接的な被害として一番わかりやすいのは、噴火によって岩が飛んでくる火山岩塊というものです。直径１ｍぐらいの岩の塊が飛んできた例があります。

それから、火山灰があります。日本付近は上空に西風（偏西風）が吹いているので、火山灰はその西風に乗って広範囲に広がります。大正３（1914）年に鹿児島県の桜島の噴火によって放出された火山灰が確認された地域は、日本のかなり広い地域に及んでいて、北は宮城県の仙台の辺りまで火山灰が確認されているということです。火山灰による被害の予測ですが、もし今、1707年の宝永噴火の規模で富士山が噴火したとすると、西風に乗って東京や横浜が火山灰の被害に遭います。火山灰は横浜で８㎝、東京で４㎝ぐらい積もるのではないかと予測されています。これぐらいの火山灰だったらたいしたことがないと思う人がいるかもしれませんが、火山灰は飛行機などのエンジンや他の機器に影響を与えたり、雨が降った場合には雪と違って溶けることはなく、水を吸ってさらに重くなり、屋根に大きな荷重としてのしかかり、家を倒壊させる場合があります。

そのほかの噴出物による直接的な被害としては、溶岩流、火砕流、火山ガスなどがあります。このうち火砕流については、噴火により放出された破片状の固体物質と火山ガスが、混合状態で地表に沿って流れる現象です。火砕流の速度は時速100㎞以上、温度は数百度に達することもあり、破壊力は大きく重要な災害要因となり、火災警報などを活用した事前の避難が必要です。この火砕流による被害で有名なのは、長崎県の雲仙普賢岳で、最近で一番大きな噴火は1991（平成３）年です。1990（平成２）年11月から噴火活動再開した雲仙普賢岳は活発な活動を続け、1991（平成３）年６月３日に噴火開始後、最大規模の火砕流が発生し、死者・行方不明者43人の被害をもたらしました。噴火活動は長期化し、土石流や火砕流などにより、家屋、道路、農地などに甚大な被害をもたらしました。このとき犠牲になった死者の多くは、マスコミ関係者、火山学者、地元の消防団員、警察関係者です。

以上が、火山噴出物による直接的な被害でしたが、これから説明するのは随伴現象といって二次的な被害です。この代表としては泥流、土石流、それから火山性地震、地盤変動というものがあります。

この中で、特徴的な山体崩壊と津波の説明をします。先ほど1991（平成3）年の雲仙普賢岳の噴火、火砕流の説明をしましたが、それ以前から雲仙普賢岳は噴火活動していました。

これから1792年の雲仙普賢岳の噴火の時の説明をします。雲仙普賢岳の噴火に伴って眉山（まゆやま）と呼ばれる部分が崩壊しました。山体崩壊した岩の塊が海に突っ込み、海面が変動し、津波を起こしてしまったのです。岩の塊が雲仙普賢岳のある長崎県島原の対岸、熊本まで到達し、津波の被害がたくさん出たということです。これが、「島原大変肥後迷惑」と呼ばれるもので、肥後とは熊本の事で、島原で噴火が起こったのに、肥後が迷惑したという話です。この時の津波で犠牲者は1万5000人を数えました。

以上、火山の噴火の被害について説明しましたが、被害が起こるのを単に待っているのではなく、火山噴火の発生を予測することも大事です。日本の活火山は北方領土や海底火山を含めると111に達します。火山活動のモニタリングとして、それらの活火山では、常時観測が行われています。日本には、北海道、東北、関東、中部、九州、沖縄に火山がありますが、近畿、中国、四国地方には活火山がありません。

気象庁は噴火予警報の業務を2007年12月から開始しました。その内容は噴火予報、河口周辺警報、噴火警報の3種類です。それによって、火山防災マップ、火山ハザードマップが作成され、火山観測体制が整備された火山ではより細かく、この3段階ではなくてさらに細かく5段階の警戒レベルを設定しています。5段階の一番レベルが低いのが、レベル1で正常、レベル2が火口周辺規制、レベル3が入山規制、レベル4が避難準備、レベル5が避難、というようになっています。

今の噴火予警報は2007年からですが、それ以前の2000年の時点で噴火の予知に成功して住民の避難に成功した例があります。それは北海道の有珠山（うすざん）というところです。有珠山は数千年の噴火活動の休止の後、1663年の大規模噴火活動を始め、1769年、1822年、1853年、1910年、1943年から45年、1977年から78年と、30年から60年ごとに活動を繰り返して、今回の活動（2000年の噴火）は8回目の噴火になります。この時に大活躍したのが、北海道大学の岡田弘（おかだひろむ）先生です。岡田弘先生は、北海道大学有珠火山観測所長を務めていました。2000年の有珠山噴火で前兆を捉え、科学者、行政、マスコミ、地域住民が連携して事前の避難に取り組みました。観測したデータからどのような危険があるかを、この岡田先生が的確に伝え、それを理解して住民たちは避難行動が出来ました。だからこそ、有珠山のすぐ近くに団地や温泉街があった居住地域の噴火にもかかわらず、死傷者ゼロの成果が得られたということです。

続いて、火山災害から身を守るための説明をします。2014年に長野と岐阜の県境で発生した御嶽山(おんたけさん)噴火は、火山災害として戦後最大級となる人的被害をもたらし、火山災害の怖さを世に知らしめました。日本には111もの火山が存在します。このうち33火山が日本百名山に選ばれており火山災害は身近なものといえます。火山災害では噴石や火山灰、火砕流溶岩流、降灰後の土石流火山ガスによる被害などが挙げられます。

被災しないためには、何が大事かというと、情報収集が大切だということです。インターネットやテレビ、ラジオで火山情報などを入手し、ハザードマップを参考にするのもベストだということです。もし自分が山に登りに行った時に自分で取れる対策としては、噴火発生前に火山周辺に行くときは、火山の噴火警戒レベルなど火山情報を事前に収集するということ、それから火山周辺では携帯電話の電源をオンにし、緊急速報メールは防災行政無線から流れる情報に注意する。それから登山する時には登山届を提出する、誰が山に登っているかということを地元の自治体とかに知らせておくことです。それから噴火に遭遇したら、直ちに火口から離れるとともに、近くの山小屋やシェルター、岩陰などの身を隠せる場所に避難するということです。それからヘルメットやゴーグルを着用し、マスクや湿らせたタオルなどで口を覆う、つまり火山灰を吸い込まないようにということです。

4章

台風による災害

この章では台風などによる災害について説明したいと思います。

まず台風とは何かという台風の定義ですが、最大風速によって決まります。最大風速が17m/s 以上になると台風と呼ばれます。さらに 33m/s 未満だと普通の台風、33m/s 以上44m/s 未満だと強い台風、44m/s 以上 54m/s 未満だと非常に強い台風、54m/s 以上だと猛烈な台風と呼ばれます。一方、最大風速が 17m/s 未満だと、熱帯性低気圧と呼ばれます。

次に台風の強さではなく大きさの説明ですが、平均風速 15m/s 以上の強風域半径が、500km 未満だと何も表現はないのですが、500km 以上 800km 未満だと「大きい」あるいは「大型」といわれます。また 800km 以上だと「超大型」あるいは「非常に大きい」とかいわれます。

表4－1
熱帯性低気圧、台風の強さの分類

最大風速	強さの分類
17m/s 未満	熱帯低気圧
17m/s 以上 33m/s 未満	台風
33m/s 以上 44m/s 未満	強い台風
44m/s 以上 54m/s 未満	非常に強い台風
54m/s 以上	猛烈な台風

表4－2
台風の大きさの分類

平均風速 15m/s 以上の強風域半径	大きさの分類
500km 未満	（形容なし）
500km 以上 800km 未満	大型（大きい）
800km 以上	超大型（非常に大きい）

※　2000年6月以降の新基準による。

<出典>京都大学防災研究所編：防災学講座 1、風水害論、山海堂、2003.

台風と似た言葉でハリケーンとかサイクロンという言葉がありますが、これらの違いは、主にその強さと発生場所によります。

台風というのは主にアジアで発生するもので、最大風速は17m/s以上です。これに対し、最大風速33m/s以上のもので、南太平洋、東経180°以東の北太平洋、大西洋で発生したものをハリケーンと呼んでいます。それから、サイクロンというのは最大風速17m/s以上で、北インド洋で発生するものをサイクロンと呼んでいます。

次に、風速の定義ですが、実は風速と呼ばれるものには２種類あります。

１つは「平均風速」と呼ばれるもの、もう１つは「瞬間風速」と呼ばれるものです。

単に風速といった場合は、平均風速を指す場合が多いです。風速または平均風速は10分間の平均風速を示します。瞬間風速はある瞬間の風速のことです。当然のことながら瞬間の値の方が、10分間の平均よりも大きな値をとることが多いです。

表４－３に、平均風速とそのときの風や被害の様子、および風力を表したものを示します。

それでは台風というものはどういうふうに起こるか、台風の発生のメカニズムについて説明したいと思います。

台風というのは、熱帯性低気圧から発達したものです。熱帯性低気圧というのはどういう所で発生するかというと、海面水温が26.5°C以上の温暖な海域です。暖かい海でその台風の卵である熱帯低気圧ができます。

このような熱帯性低気圧が発達して、やがて台風になります。図４－１（34頁）は、北半球の海上にある台風の断面図で、向きとしては前が南で奥が北になっています。

この時注意していただきたいのは、北半球では台風を上から見ると反時計回りに吹き込んでいるということです。この向きと台風は、北半球では南から北に押し上げられるので、南から北に押し上げる力が働いているのですが、これらが一致するのがこの図の右側、方角でいうと台風の東側なのですが、そちらでは風が強くなる、つまり台風の東側では風が強くなります。

日本に襲来する台風の進路は、フィリピンの東海上などで多く発生し、それが北進し、日本に来るころには、偏西風によって西から東に動いていきます。年間どれぐらいの台風が発生するのかについては、発生自体は１月から12月までありますが、やはり７月から10月にかけてが多く、年間では27.8個の台風が発生しています。このうち日本に接近するのは、11個ぐらい、南西諸島に接近するのが7.5個、日本の本土に接近するのは5.3個、日本の本土に上陸するのは2.8個ということになります。

表4－3　平均風速とそのときの風や被害の様子

＜出典＞気象庁ホームページ　https://www.jma.go.jp/jma/kishou/know/yougo_hp/kazehyo.html

風の強さ（予報用語）	平均風速（m/s）	おおよその時速	速さの目安	人への影響	屋外・樹木の様子	走行中の車	建造物	おおよその瞬間風速（m/s）
やや強い風	10以上 15未満	～50km	一般道路の自動車	風に向かって歩きにくくなる。 傘がさせない。	樹木全体が揺れ始める。 電線が揺れ始める。	道路の吹流しの角度が水平になり、高速運転中では横風に流される感覚を受ける。	樋(とい)が揺れ始める。	20
強い風	15以上 20未満	～70km		風に向かって歩けなくなり、転倒する人も出る。 高所での作業はきわめて危険。	電線が鳴り始める。 看板やトタン板が外れ始める。	高速運転中では、横風に流される感覚が大きくなる。	屋根瓦・屋根葺材がはがれるものがある。 雨戸やシャッターが揺れる。	
非常に強い風	20以上 25未満	～90km	高速道路の自動車	何かにつかまっていないと立っていられない。 飛来物によって負傷するおそれがある。		通常の速度で運転するのが困難になる。	屋根瓦・屋根葺材が飛散するものがある。 固定されていないプレハブ小屋が移動、転倒する。 ビニールハウスのフィルム(被覆材)が広範囲に破れる。	30
	25以上 30未満	～110km			細い木の幹が折れたり、根の張っていない木が倒れ始める。 看板が落下・飛散する。 道路標識が傾く。			40
猛烈な風	30以上 35未満	～125km					固定の不十分な金属屋根の葺材がめくれる。 養生の不十分な仮設足場が崩落する。	50
	35以上 40未満	～140km	特急電車	屋外での行動は極めて危険。	多くの樹木が倒れる。 電柱や街灯で倒れるものがある。 ブロック壁で倒壊するものがある。	走行中のトラックが横転する。	外装材が広範囲にわたって飛散し、下地材が露出するものがある。	60
	40以上	140km～					住家で倒壊するものがある。 鉄骨構造物で変形するものがある。	

（注1）強風によって災害が起こるおそれのあるときは強風注意報を、暴風によって重大な災害が発生するおそれのあるときは暴風警報を、さらに重大な災害が起こるおそれが著しく大きいときは暴風特別警報を発表して警戒や注意を呼びかけます。なお、警報や注意報の基準は地域によって異なります。

（注2）平均風速は10分間の平均、瞬間風速は3秒間の平均です。風の吹き方は絶えず強弱の変動があり、瞬間風速は平均風速の1.5倍程度になることが多いですが、大気の状態が不安定な場合等は3倍以上になることがあります。

（注3）この表を使用される際は、以下の点にご注意下さい。

1. 風速は地形や周りの建物などに影響されますので、その場所での風速は近くにある観測所の値と大きく異なることがあります。
2. 風速が同じであっても、対象となる建物、構造物の状態や風の吹き方によって被害が異なる場合があります。この表では、ある風速が観測された際に、通常発生する現象や被害を記述していますので、これより大きな被害が発生したり、逆に小さな被害にとどまる場合もあります。
3. 人や物への影響は日本風工学会の「瞬間風速と人や街の様子との関係」を参考に作成しています。今後、表現など実状と合わなくなった場合には内容を変更することがあります。

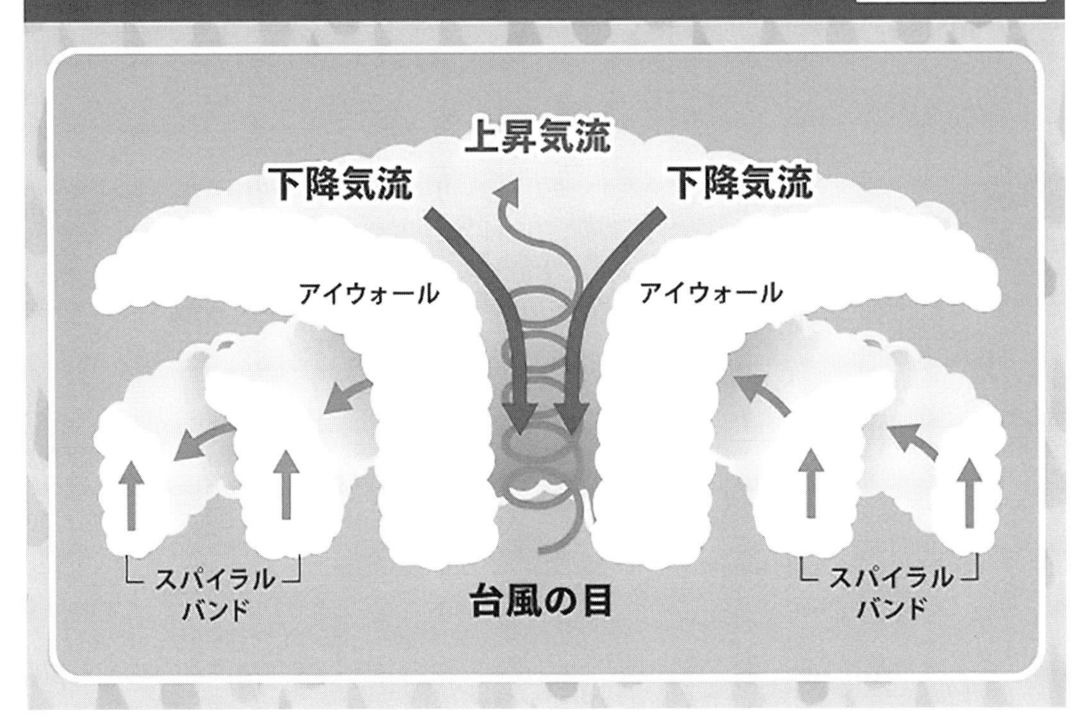

図４－１　北半球における台風の断面図　　＜出典＞日本気象協会tenki.jp「知る防災」

次に、過去の台風被害を見ていきましょう。

まず１つ目は伊勢湾台風と呼ばれる台風です。1959（昭和34）年9月26日夕刻に紀伊半島先端に上陸した台風15号のことで、これを伊勢湾台風と呼んでいます。台風災害としては、明治以降最多の死者・行方不明者5098名に及ぶ被害者がでました。この台風による犠牲者は全国32道府県に及びましたが、その83％は高潮の発生によって愛知と三重の2県に集中しました。

その後、高潮対策が大きく進展しましたが、この伊勢湾台風により台風災害対策基本法という法律が制定されました。今でも災害対策の基本となっている法律で、今日のわが国の防災対策の原点になった台風です。

大きな被害をもたらした高潮とは、台風の上昇気流による吸い上げる力に、海面が吸い上げられ、潮位が上がり、主に低地に浸水もたらした災害です。伊勢湾台風では愛知県の名古屋から三重県の四日市の辺りまで浸水しました。高潮による浸水の結果、名古屋港にあった貯木場から木が流れ出し、浸水した地域の家屋に被害を与え、多くの負傷者を出し、その結果多くの人が亡くなりました。

それから次に、1991（平成3）年の台風19号の説明をします。この台風は典型的な風台風で雨はあまり降らずに風が強かった台風です。この台風を1991年の台風19号、略して9119台風と呼んでいます。青森県では収穫前のリンゴの落下被害が多かったため、「リンゴ台風」とも呼ばれました。

それから海外の事例ですが、カトリーナというハリケーンが2005年にアメリカ南部を襲いました。2005年8月25日にアメリカ合衆国フロリダ州に上陸して、その後、メキシコ湾を北上し、さらにルイジアナ州に再上陸したのです。ルイジアナ州のニューオリンズという街が大きな被害を受けました。強風や高潮により大きな被害が発生し、死者1833人、被害総額810億ドルに上ったということです。

主な被害は、高潮と強風によるものでした。ニューオリンズのポンチャルトレイン湖の堤防が、高潮のために複数箇所で決壊し、市内の8割の地域が浸水しました。避難勧告を受けて、120万人がルイジアナ州からアラバマ州に避難したということです。メキシコ湾岸には、石油精製施設とかパイプラインがあったのですが、それが破壊され原油価格の高騰を招き、経済的打撃を受けたということです。

これからまた、説明が日本に戻りますが、日本では2018（平成30）年に台風21号という大きな台風が来ました。この台風21号は2018年の9月4日の12時ごろ、非常に強い勢力で徳島県に上陸した後、速度を上げながら近畿地方を縦断しました。その後、日本海を北上し、9月5日の9時にサハリンの西側の間宮海峡で温帯低気圧に変わったということです。台風の接近通過に伴って、西日本から北日本にかけて非常に強い風が吹き、激しい雨が降りました。特に四国や近畿地方では、猛烈な風と雨のほか、これまでの観測記録を更新する記録的な高潮になったところがあります。

具体的な被害としては、関西国際空港と神戸市の六甲アイランドで被害がありました。関西国際空港は高潮による滑走路の浸水やターミナルビルの浸水、それから停電などによる被害、さらに関西国際空港連絡橋にタンカーが衝突し、連絡橋が中破し、一時孤立するという被害がありました。また神戸市の六甲アイランドではコンテナが炎上しました。コンテナの中に、水酸化ナトリウムを原料とする材料があったようで、それが水に濡れて、爆発炎上しました。水酸化ナトリウムは水と混ざると爆発や炎上をするので、台風が去った後でもずっと燃え続けて、50日間くらい燃えていたようです。

それから、同じ2018（平成30）年に台風24号がありました。この台風24号は2018年9月29日から30日の明け方にかけて、非常に強い勢力で沖縄地方に接近し、勢力を保ったまま、9月30日の20時ごろに和歌山県田辺市付近に上陸しました。その後急速に加速しながら東日本から北日本を縦断し、10月1日の12時に日本の東で温帯低気圧に変わりました。台風24号の接近通過に伴い、広い範囲で、暴風、大雨、高波、高潮となり、特に南西諸島および西日本、東日本の太平洋側を中心に、これまでの観測記録を更新する猛烈な風が吹いたところがあったほか、紀伊半島などで過去の高潮位を超える高潮を観測したところがあったようです。

その次の年2019（令和元）年に台風19号が東日本を襲い大きな被害をもたらしました。気象庁から東日本台風と命名されるほどの大きな台風になりました。総務省消防庁が発表した11月8日時点での被害報によると、死者は福島、宮城、千葉県で多く、宮城県丸森町で10人、福島県いわき市で８人、本宮市で７人、郡山市で６人、神奈川県相模原市で６人ということになっています。建物全壊は長野県で多く、千曲川の決壊により新幹線の車両基地も水没しました。この時に、神奈川県川崎市武蔵小杉のタワーマンション群でも、地下の電源設備に浸水したため、停電と断水の被害が発生しました。

それから、これは参考ですが、日本の火災保険の補償内容です。（詳しくは、地震保険も含めて、巻末の特別編「災害に対するリスクマネジメントについて」で説明します。）

火災保険というと火災だけを補償するようなイメージがありますが、実は住宅を取り巻く様々なリスクを総合的に補償するタイプのものもあります。図４－２に示しましたが、住宅総合保険という種類のものです。これと、ベーシックな補償タイプの住宅火災保険というものの、大きく２つに分かれます。

	火災	落雷	ガス爆発などの破裂・爆発	風災・ひょう災・雪災	水災	自動車の飛込み等による飛来・落下・衝突	給排水設備の事故等による水濡れ	騒じょう等による暴行・破壊	盗難
住宅総合保険	○	○	○	○ ※一部自己負担額がある場合もあります。	○ ※一部自己負担額がある場合もあります。	○	○	○	○
住宅火災保険	○	○	○	○ ※一部自己負担額がある場合もあります。	×	×	×	×	×

図４－２　住宅総合保険、住宅火災保険の補償内容

＜出典＞日本損害保険協会ホームページ　http://www.sonpo.or.jp/useful/insurance/kasai/

図4－2を見ると、住宅総合保険、住宅火災保険ともに、左から4番目の風災、ひょう災、雪災のところまでは両方とも補償します。左から5番目の水災のところからは、住宅総合保険のみが補償する災害です。ですから火災保険は、火災だけではなく、どちらのタイプも、台風による風や、雪などの災害による被害も、対象になっているということです。これは、ぜひ覚えておくといいです。私(筆者)も、実際に私の家が大雪で、雨樋が被害を受けた時に、火災保険で補償してもらったことがありますから、このことは覚えておくといいかもしれません。

それから、過去の風水害による高額支払保険金事例を次頁表4－4に示しました。

火災保険は風や雪による被害や、場合によっては水による被害も補償するので、この表はそれらの被害を対象にした火災保険による高額支払保険金事例です。

これを見ると、第1位、第8位、第9位は、2018（平成30）年の台風21号と24号、および7月の豪雨です。第2位と第4位は、2019（令和元）年の台風19号（東日本台風）と、台風15号の房総半島を襲った台風です。このように、近年大きな台風が頻発しているということが、この表からもわかると思います。それ以前に最大の支払いをもたらしていた台風は、3番目の1991（平成3）年の台風19号で、先ほど「リンゴ台風」と紹介した9119号台風でした。

最後に台風が来た時の対策、対応です。

台風が発生、接近し、上陸によって暴風雨になったら、どういうこと気を付けるかというと、まず外に出ないということです。建物の中で、台風が通り過ぎるのを待つのが基本です。次に地下施設にいる場合は地上へ、できればさらに高いところに避難するということです。水は低い所に流れますから、水からなるべく離れるということです。それから、

表４－４　火災保険による高額支払保険金事例　　　＜出典＞日本損害保険協会ホームページ
https://www.sonpo.or.jp/report/statistics/disaster/index.html

○過去の主な風水災等による保険金の支払い（注1）

	災害名	地域	対象年月日	支払件数（件）（注2）	支払保険金（億円）（注2）			
					火災・新種	自動車	海上	合計
1	平成30年台風21号	大阪・京都・兵庫等	2018年9月3日～5日	857,284	9,363	780	535	10,678
2	令和元年台風19号（令和元年東日本台風）	東日本中心	2019年10月6日～13日	295,186	5,181	645	-	5,826
3	平成3年台風19号	全国	1991年9月26日～28日	607,324	5,225	269	185	5,680
4	令和元年台風15号（令和元年房総半島台風）	関東中心	2019年9月5日～10日	383,585	4,398	258	-	4,656
5	平成16年台風18号	全国	2004年9月4日～8日	427,954	3,564	259	51	3,874
6	平成26年2月雪害	関東中心	2014年2月	326,591	2,984	241	—	3,224
7	平成11年台風18号	熊本・山口・福岡等	1999年9月21日～25日	306,359	2,847	212	88	3,147
8	平成30年台風24号	東京・神奈川・静岡等	2018年9月28日～10月1日	412,707	2,946	115	—	3,061
9	平成30年7月豪雨	岡山・広島・愛媛等	2018年6月28日～7月8日	55,320	1,673	283	—	1,956
10	平成27年台風15号	全国	2015年8月24日～26日	225,523	1,561	81	—	1,642

（注1）　一般社団法人 日本損害保険協会調べ（2020年3月末現在）。
（注2）　支払件数、支払保険金は見込です。支払保険金は千万円単位で四捨五入を行い算出しているため、各項目を合算した値と合計欄の値が一致しないことがあります。

流れている水に近づかない。これは、流れている水というのは、津波のところでも説明したように、水はかなり大きな力がありますから、流れている水はとても危険だということです。また、マンホールや用水路の蓋が開いているのに気づかず、落ちてしまうケースも多くあるため、雨が降っている時はそれらに近づかないということも大事です。例えば先ほどのタワーマンションのところで説明したように、下水道を通って溢れ出した場合は、マンホールの蓋が開いていることがあります。しかも水は濁っている場合が多いので、マンホールの蓋が開いているかどうかわからないときが多いです。気がつかないで、そのまま歩いていると、マンホールにスポッと落ちることがあります。流れている水に近づかない、水の中を歩かないということが基本です。もし歩くときは杖のようなもので、穴が空いてないかを探りながら進むというのが基本です。それからエレベーターは使わない、山など急な斜面には近づかないということです。

次に避難のときの説明です。避難準備情報が出された場合には、速やかに要援護者の避難（要援護者とは、ご老人や障害のある方などです。）をさせるということです。行政から避難指示などが出た場合あった、複数で行動するようにしてください。一人で歩いて避難するより、複数で行動した方が安全上いいと思います。避難は周囲の状況を確認してからにしてください。よく確認しないで外に慌てて飛び出すことは止めてください。避難する際の服装は、ヘルメットの着用、長袖・長ズボン、軍手を着用することが望ましいです。ただし長靴ではなく、普段から履き慣れた底が厚めの靴を履く、両手は空いている状態にして、非常用品はリュックに入れて避難するようにしてください。避難する際の注意として、浸水している場合はマンホールや側溝の蓋などが開いていることがありますので、傘など棒状の物を使って、地面を探りながら避難してください。夜間に避難するのは大変危険なので、避難はできるだけ明るい時間に行うことを心がけてください。あと、どうしても逃げる場所がない場合には、近所の頑丈な建物に避難する選択肢もあります。

事前の備えとしては、屋根や家の周りのモノにも注意が必要です。風でモノが飛ばされないように、普段からきちんと固定しておくなどして、気を付けてください。それから、事前に排水設備の点検や掃除をしておくことも大事です。排水設備にゴミなどが詰まっていると、雨が降った時にうまく排水されず、水が溢れる可能性あります。低地や川沿いの居住者は土嚢などを用意し、水をせき止めることも必要になるかもしれません。さらに、上流にダムがある場合には、ダムには洪水調節の機能も担っているため、大雨時には放流量が急激に増えることがあります。放流を予告するサイレン音を聞いた場合には、河川には絶対近づかないでください。最後に、普段から備えておくこと、勉強しておくこととして、自分が居住する地域の災害の歴史を学ぶということも大事なことです。

5章

豪雨による災害

自然災害の一つで豪雨について説明します。気象災害のうち豪雨、河川洪水、さらに専門用語で、内水氾濫や外水氾濫という言葉があります。それらの災害について説明します。

最近の事例として、2018（平成30）年の7月、西日本豪雨といわれる豪雨がありました。7月6日から7日にかけて梅雨前線が停滞し記録的な大雨になり、広範囲で同時多発的に被害が発生しました。河川の氾濫による浸水斜面の土砂崩れ、土石流による被害が多く、被害箇所も広域で、発生から数日たっても被害の全貌を把握できていない状況でした。特に、広島県、岡山県、愛媛県で被害が大きかったということです。

岡山県の倉敷市の真備町（まびちょう）では、小田川の堤防が破堤し、地区面積の1/4にあたる12.5㎢が浸水し20人の死者が出て、家屋約4600戸が水に浸かりました。広島県では広島市安芸区、安佐北区、呉市、熊野町などで斜面崩壊や土石流の発生があり、多くの被害が出ました。愛媛県では、大洲市、西予市などで肱川（ひじかわ）という川が氾濫し、市街地に浸水し被害が出ました。高知県では、土砂崩落により高知自動車道の橋桁が流出しました。

この西日本豪雨がどういう条件で発生したかの気象条件を説明します。まず、西日本から北日本の広い範囲におよんだ大雨は、本州付近に停滞していた梅雨前線が、南から湿った空気を断続的に流し込むことで発生しました。今回は、過去に例がないほど、大量の水蒸気を含んだ空気が流れ込んだことが原因の1つと見られています。

この西日本豪雨で、その発生のメカニズムでキーワードになるのが、「線状降水帯」と呼ばれるものです。

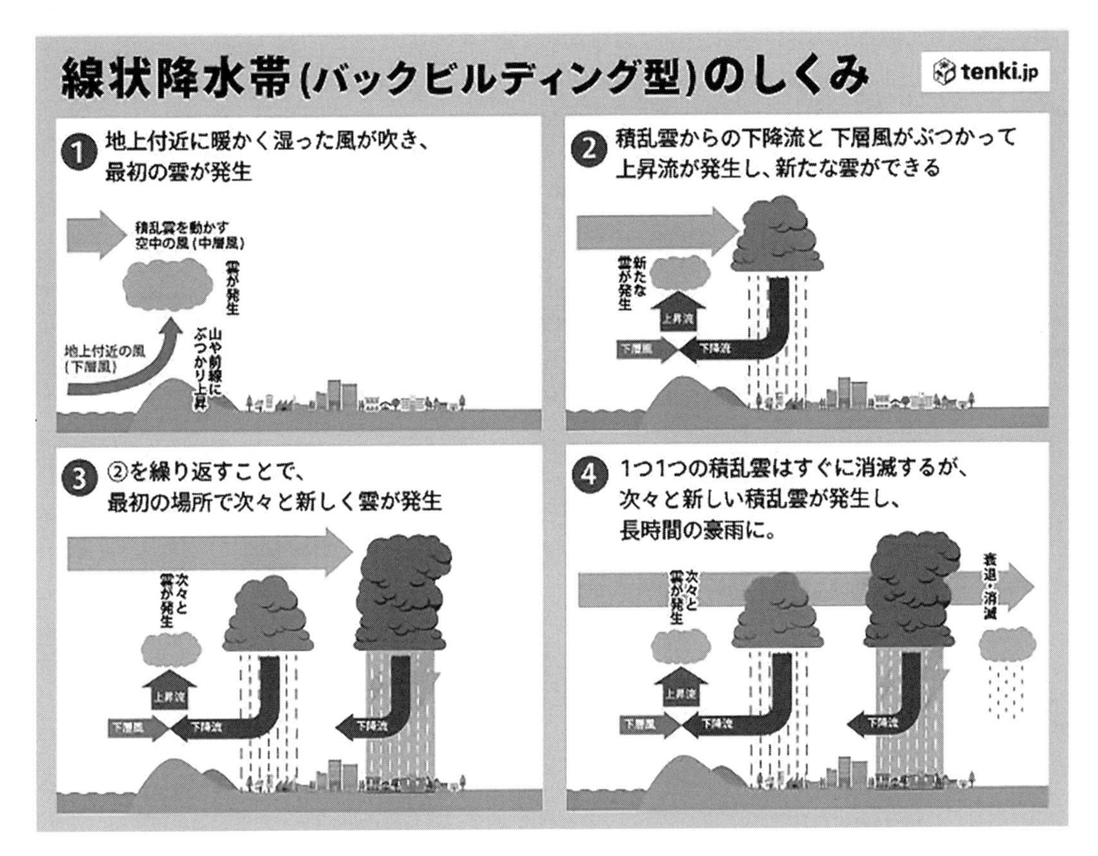

図5－1　線状降水帯およびバックビルディング現象について　　＜出典＞日本気象協会tenki.jp「知る防災」

この線状降水帯が発生すると、同じところでずっと雨が降っている状況が続きます。この線状降水帯の発生要因ですが、図５－１に示す、バックビルディング現象が原因として考えられます。バックビルディング現象とは、既存の雨雲の後方に、新しい雨雲が次々と形成されることによって、線状降水帯と呼ばれる雲が維持されることです。最初に風の収束や地形効果などによって積乱雲が発生します。次に、激しい雨を降らせながら上空の風に流されてゆっくりと移動していきます。さらに、風上側の積乱雲が発生した場所に、新たに積乱雲が発生し、この流れが繰り返され、発達した積乱雲が世代交代を繰り返しながら組織化されて線状降水帯を作り出します。積乱雲の発生や水蒸気の供給、上昇気流を引き起こす要因の解消、積乱雲を移動させる上空の風の流れの変化がない限り、この状況が続くということです。

線状降水帯が発生するための条件は以下の４つがあげられます。

①地上付近に暖かく湿った空気が継続的に流入すること
②暖かく湿った空気がほぼ同じ場所で風の収束、地形や前線の影響で持ち上げられて雲が発生すること
③大気の状態が不安定で、発生した雲が発達して積乱雲になること。大気の状態が不安定というのは、上下間の空気の対流がある状態で、逆に安定している状態というのは、空気の対流がない状態のこと
④上空の強い風によって積乱雲が流されて列状、線状に並ぶこと

被害について振り返ると、先ほど少し説明しましたが、愛媛県の肱川という川について説明します。愛媛県西予市と大津市にまたがる肱川には、上流に野村ダム、下流に鹿野川ダムと呼ばれる２つのダムがあります。歴史的に流域の住民を苦しめ続けてきた肱川流域で洪水が多い理由の１つはその地形です。盆地で小さな河川の水流が肱川に集中して流れ込み、肘のように大きく湾曲した肱川の形状は、その川幅の狭さも手伝って氾濫しやすい性質を持ち、1995（平成７）年に大規模な洪水被害をもたらしたほか、2004（平成16）年、2005（平成17）年、2011（平成23）年と、度々流域で浸水被害をもたらしました。そして、2008（平成30）年の７月に、二千年に一度といわれる豪雨災害、西日本豪雨が肱川を襲ったということです。

雨が続いたため、野村ダムの流入量が７月７日未明から徐々に増え始め、午前７時40分をピークに1942トンに達しました。一方で、放流量は流入量に耐える形で、下流域が安全とされる毎秒300トン前後で操作されていましたが、午前６時20分に、ダムが満水に近づいたため、「異常洪水時防災操作」に踏み切り、その結果ピーク時の午前７時50分には、安全基準値の約６倍にあたる毎秒1797トンが放流されました。異常洪水時防災操作とは、ダムを壊さないためにやむを得ず放流することです。影響は野村ダムから18キロ下流にある鹿野川ダムにも及びました。鹿野川ダムでも午前７時35分から異常洪水時防災操作を行い、その結果、肱川が氾濫を起こし、下流域の大洲市でも農地や商店街など広い範囲が水に浸かり、西予市と大洲市で合わせて８名が亡くなりました。異常洪水時防災操作につい

ては、ダムが壊れないように放流したのですが、住民への知らせが急過ぎたため、住民に周知されないまま放水され、街が浸水し合計8名の方が亡くなったということです。なかなか難しい判断だったと思うのですが、このような結果になってしまいました。

次に、洪水の種類ですが、洪水には内水氾濫と外水氾濫の2つがあります。図5－2に、内水氾濫と外水氾濫のイメージ図を示します。

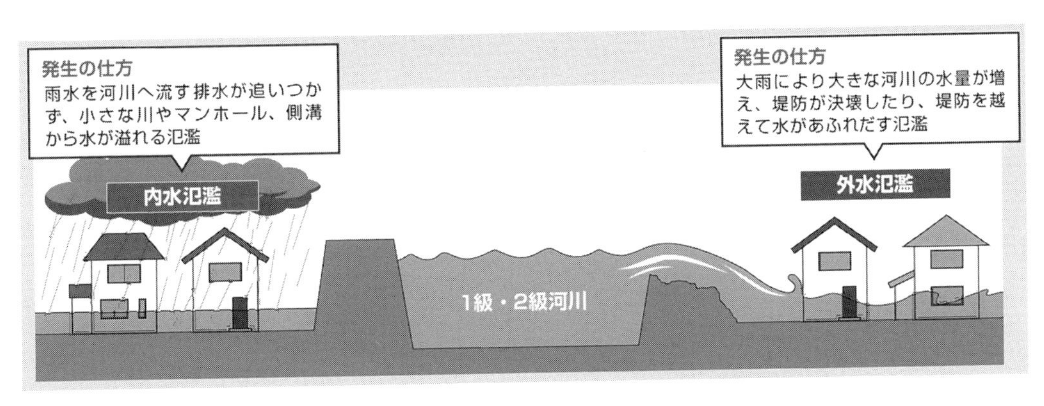

図5－2　内水氾濫と外水氾濫のイメージ図

<出典>姫路市ハザードマップ　https://www.city.himeji.lg.jp/bousai/0000000221.html

内水氾濫というのは、市街地に降った雨を河川が排水しきれないために起こります。堤防の内側で雨が降って、それが下水道などで処理しきれなくて、堤防の内側の住宅地などで溢れてしまうということで、「内水氾濫」と呼ばれています。一方、外水氾濫というのは、大量の降雨や融雪水などで河川の水位が上昇し、堤防を越えたり、破堤したりして起こるということです。これは住宅地の外の河川からやってくるということで、「外水氾濫」と呼んでいます。

内水氾濫の原因と対策としては、以下の4つのようなものがあります。

①原因の1つとして、都市部の表土がコンクリートなどで被覆され、降水が地下へ浸透せず中小河川や下水道へ流れ込むことによって氾濫を起こすことがあげられるので、表土の被覆に透水性を持たせる取り組みがあります。水を通すアスファルトなどが開発されています。

②下水道を雨水汚水分離式とし、雨水を河川へ直行させる。下水道が雨水汚水混合の場合、汚水が溢れることになり、衛生上でも大きな問題を引き起こします。その場合、溢れている水というのは、決してきれいな水ではなく、衛生的に問題があるので、大雨や洪水の時に歩くと、先ほどマンホールに落ちるという説明をしましたが、衛生上も問題あるので、あんまり歩かない方がいいということです。

③導水トンネルを掘り、豪雨時の雨水を貯留、排出させる。

④流域に遊水地を設けて、増水分を貯水する。

外水氾濫で、降水については、熱帯低気圧や梅雨前線の湿舌と呼ばれる暖かく湿った空気が入り込むことによって、発生する集中豪雨が原因といわれています。またこれは、日本であまり関係ないかもしれないが、雪解け水、融雪水については、ロシアの大河は南から北に流れている場合、春から初夏にかけて、下流部が凍結している状態で上流の氷雪が融けると、融雪水が行き場を失い、氾濫するということです。

対策としては、堤防を高くすることや、遊水地を設けて増水分を貯留するといったことがあげられます。

図５－３は、洪水被害のうち、外水氾濫、内水氾濫の被害額を、円グラフで見たものです。左側の全国の円グラフを見ると、外水氾濫と内水氾濫は、全国では約半分ずつですが、

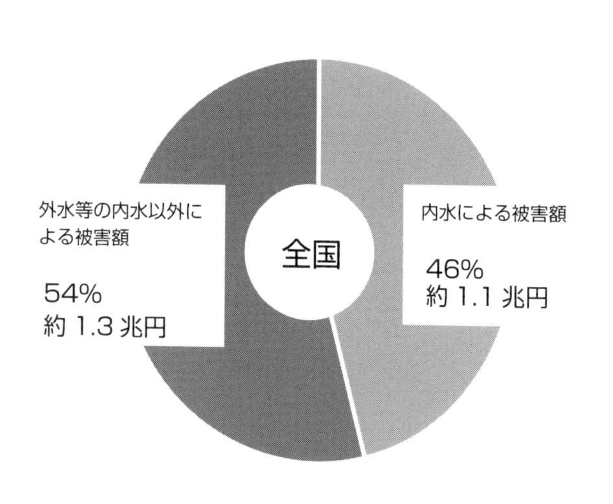

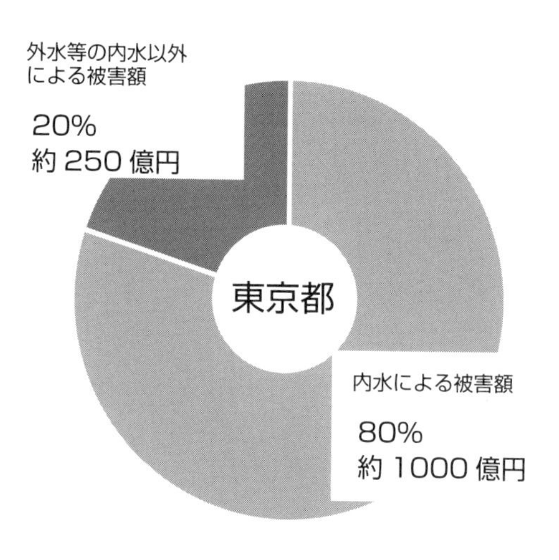

図５－３　外水氾濫、内水氾濫の被害額

<出典>国土交通省ホームページ
https://www.mlit.go.jp/river/pamphlet_jirei/bousai/saigai/kiroku/suigai/suigai_3-3-2.html

右側の東京都での円グラフを見ると、内水氾濫は東京都では80%を占めています。比較的、堤防整備の進んだ都市部では、内水氾濫の方が新たな課題となっています。洪水が起こるのを、そのまま手をこまねいて待っている訳ではなく、洪水を防ぐためのいろいろな施設が整備されています。

ここで説明するのは、首都圏外郭放水路という施設で、この施設は洪水を防ぐために建設された世界最大級の地下放水路で、場所は埼玉県春日部市にあります。

この地域には、中川、倉松川といった中小河川がたくさんある上、土地が低く水が溜まりやすいお皿のような地形になっているため、これまで何度も洪水の被害を受けてきました。首都圏外郭放水路は、それらが洪水になった時にその一部を、比較的ゆとりがある江戸川へ流すことができるという施設です。この首都圏外郭放水路は、一部完成が2002（平成14）年、全体の完成が2006（平成18）年です。それまで、この地域は川の勾配が緩やかで、水が海まで流れにくいという特徴があり、大雨が降ると水位がなかなか下がりません。さらに近年では都市化が急速に進み、表土がコンクリートで覆われてしまったので、降った雨が地中にしみ込みにくく、雨水が一気に川に流れ込んで洪水が発生しやすくなっていました。この首都圏外郭放水路の完成によって、埼玉県の春日部周辺地域で浸水する家屋の数や面積は大幅に減り、長年洪水に悩まされてきた流域の被害を大きく軽減することができました。

図5－4に、首都圏外郭放水路の全体構成図を示します。まず各河川から洪水を取り入れる流入施設、および5つの立坑があります。第5、第4、第3、第2立坑については、中小河川から流入施設があって、そこに各中小河川からの水が流れ込みます。それらから水は地下のトンネルを通じて、一番大きな第1立坑に流れ込み、そこから調圧水槽という流れを弱くする施設を経由して、排水機場のポンプを使って、比較的余裕がある江戸川に流すという機能になっています。写真5－1に第1立坑、写真5－2に調圧水槽の写真を示します。立坑は5つありましたが、各立坑の深さは約70 m、内径約30 mということで、スペースシャトルや自由の女神がすっぽり入る大きさです。調圧水槽は、高さが約18 mで、柱が59本立っていて、この柱がある空間に水を流すことによって、水の勢いを弱めるという効果があるそうです。

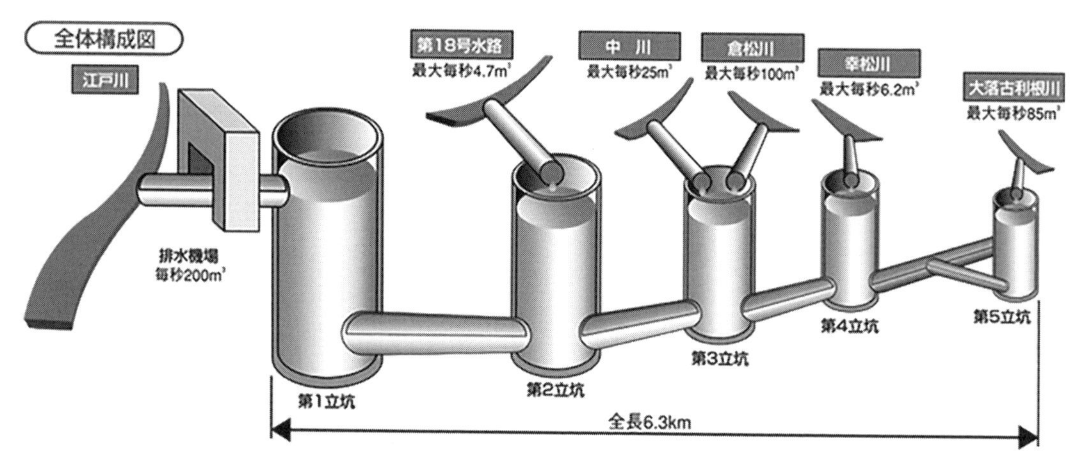

図５－４　首都圏外郭放水路の全体構成図　　　＜出典＞国土交通省関東地方整備局江戸川河川事務所

http://www.ktr.mlit.go.jp/edogawa/gaikaku

写真５－１　首都圏外郭放水路の第１立坑（筆者撮影）

写真５－２　首都圏外郭放水路の調圧水槽（筆者撮影）

次に、地下街の浸水のことを説明します。地下街の浸水は、実際に起こったことがあります。過去の被害事例として、2003（平成15）年に御笠川が氾濫して、福岡県の博多駅周辺が浸水したということで、駅の地下構内に1万トンもの泥水が浸水した、この都市型水害の事例は、局地的大雨で都市型災害が起こりうるということを示しています。

地下街の入口から浸水したのですが、水はもちろん低い所に流れますので、地下街に浸水すると大量の水による水圧がかかります。地下室に扉がある場合、水圧により扉が開かなくなり、出られなくなって亡くなった人がいるというのが博多の水害でした。京都大学防災研究所で、どれぐらいの深さの水でドアが開かなくなるかという実験をした例がありますが、水深35㎝で成人女性が、水深40㎝で成人男性が、それぞれドアを開けるのが困難になるということでした。つまり膝ぐらいの高さまでの水でも、水圧でドアが開かないということです。特に水害の時には地下空間では危ないのです。それと車が浸水した場合も、なかなか避難が難しいという実験もありました。車が浸水すると、車のドアが水圧で開かなくなってしまいます。

急な大雨による災害例としては、兵庫県神戸市の都賀川の例があります。

2008（平成20）年7月28日に、直前まで晴れていたのにもかかわらず、突然の局地的大雨に見舞われて、下流の水位が10分間で1.34ｍも上昇しました。この局地的大雨によって、都賀川の河原で遊んでいた小学生など16名が流され、うち5名が死亡するという事故が起きました。

写真5－3をご覧ください。神戸市内の川には、こういう警告の看板が出ています。これは、神戸市内の川は山から急に比較的短距離で海に行くので、流れが急なため雨が急に降ったら、特に川の近くでは、急な増水に注意してくださいということで、こういう看板が出ています。この看板の下側には、先ほどの都賀川の写真があります。左側は増水前の穏やかな川の時の写真ですが、わずか18分後に増水した時の写真が右側です。

このような大雨が急に降るという情報を入手するには、どうしたらいいかというと、気象庁がナウキャストという名前のシステムを配信しています。これで、大雨、雷、竜巻については、リアルタイムで情報がわかるということです。ぜひ活用していただきたいと思います。

写真５－３　神戸市内の川に掲示されている警告の看板（筆者撮影）

あと、特別警報が出ることがあります。警報の発表基準をはるかに超える大雨や大津波などが予想され、重大な災害の起こるおそれが著しく高まっている場合、特別警報発表し最大級の警戒を呼びかけるということです。この特別警報が発表された場合は、直ちに地元市町村の避難情報に従って、適切な行動をとってください。

6章

土砂災害

続いて土砂災害について説明します。土砂災害とは、降雨、地震および火山噴火などが外力となり、斜面や河川の土砂、あるいは火山からの噴出物が移動することが原因で、人的または物的な被害が生じる災害です。現象としては、斜面崩壊、土石流、がけ崩れ、地すべりなどが代表的です。

日本は国土の約70%が、山地や丘陵地で占められており、地形地質的に脆弱であるうえ、台風や前線による豪雨が頻発する厳しい自然条件のもとにあります。またプレート境界が列島に集中する立地のため、地震も多く火山活動も活発であり、毎年のように土砂災害が発生しています。

土砂災害を拡大させる要因としては、次の2つがあります。1つが森林伐採に代表される人為的な要因です。木を薪にして燃料にするなどに使われるということは、昔の方が盛んに行われていました。2つめとしては、台風や地震に起因する自然的な要因があります。森林伐採などの人為的な要因については、木を燃料にするといったことが最近少なくなり、また、日本の木材を使って家を建てるより、海外から木材を輸入することが多くなっています。1つめについては、日本においては近年改善しているように見えます。ただし、2つめの自然的な要因については、異常気象や地震活動の活発化によって、危険が高まっていると考えられます。

土砂災害の種類としては、斜面崩壊、地すべり、土石流、天然ダム決壊、火砕流、融雪型火山泥流などがあります。

まず斜面崩壊について説明します。斜面崩壊には2種類あって、1つが表層崩壊、もう1

つが深層崩壊です。表層崩壊は、山崩れ、崖崩れなどの斜面崩壊のうち、厚さが0.5～2.0m程度の表層土が、表層土と基盤層の境界に沿って滑落する、比較的規模の小さな崩壊のことを指します。これに対して深層崩壊というのは、山崩れ、崖崩れなどの斜面崩壊のうち、すべり面が表層崩壊よりも深部で発生し、表土層だけでなく深層の地盤までもが崩壊土塊となる比較的規模の大きな崩壊現象のことです。深層崩壊が起こってしまうと、例えば台湾であったのは、村全体が消えてしまうぐらいの大きな被害になってしまったという事例があります。

次に地すべりについてです。地すべりとは特定の地質構造を有する山地などにおいて、地下水の影響を受け、下層すべり面を移動境界として、土塊の一部が重力作用で滑動する現象であり、斜面崩壊とは異なり、緩慢に、つまりゆっくりと滑動する現象で、比較的緩い斜面で発生する場合が多いです。

それから土石流は石礫（せきれき）、つまり、石やもう少し小さな砂利を含む流れのことで、含まれる材料が微細な土砂粒子の場合は泥流と呼ばれます。土石流については、後ほど被害例を含め、より詳しく解説いたします。

天然ダム決壊については、地すべりや山腹崩壊に伴う土塊や、大規模な土石流などが急激に移動し、斜面下部の河道をせき止め、河道の上流部に河川水が貯留されて、貯水池が形成される現象を指します。天然ダムは貯留水が越流することや、間隙水圧の上昇により崩壊することによって決壊する場合があり、その際大規模な洪水や土石流が発生します。

それから火砕流については、溶岩ドームの崩壊や、溶岩ドームの一部が火山爆発で吹き飛ばされることで、火山灰や軽石などの火山噴出物が、高温の火山ガスにより浮いたような状態になり、山腹斜面を流れる現象を指します。火砕流については、第３章（火山噴火による災害）でも触れています。

最後に、融雪型火山泥流についてです。山頂付近に積雪のある火山において、噴火が発生した場合、その噴出物または火砕流サージなどの高熱によって、積雪が融解することがあります。この場合、急激に多量の融雪水が流下し、堆積層を侵食して泥流が発生することがあります。これは、火山に雪が積もっている場合ということです。

皆さんに、ぜひご覧いただきたいサイトがあります。「国土交通省　砂防　土砂災害映像

（動画）ライブラリ」https://www.mlit.go.jp/river/sabo/movie_library.html　というサイトで、土石流の映像などがたくさん掲載されています。

この映像を見ていただくとわかると思いますが、かなり大きな岩が流れています。土だけじゃなくて石とか岩を巻き込んで流れてくるというのが土石流というものです。住宅地などにこのような土石流が来たら、家や人に大きな被害が発生します。

次に土石流が実際に住宅地に襲ってきた例があります。2014（平成26）年８月20日未明に、広島市安佐南区で大雨による土砂崩れで、住宅街が土砂や泥に埋まる土砂災害が発生しました。

この土砂災害による家屋の損壊が4500棟を超えると報告されました。特に広島市安佐北区と安佐南区では、107件の土石流災害と59件の崖崩れ災害が発生しました。山麓に広がる住宅地では、死者74名、全半壊家屋255戸という悲惨な被害となったのです。今回の被害地域は結構頻繁に土砂災害があり、1999（平成11）年にも土砂災害を受け、災害からの復興に向けて頑張っていた広島で、また同じような土砂災害が発生しました。被害を大きくした要因として考えられることは、以下の３つがあげられます。

１つ目として真夜中の豪雨、２つ目として都市開発の拡大、３つ目としてハード対策の不備ということです。これを１つひとつ説明します。

まず１つ目の真夜中の豪雨ですが、１時間に100㎜を超し、３時間で200㎜を超す大雨が、８月20日の午前１時から４時にかけて降りました。被災地の人々の話で土石流や崖崩れが、20日の午前３時10分ごろから４時ごろにかけて発生したことがわかっています。この時間帯は、外が真っ暗、加えて豪雨が降っていたので、避難しようにも避難できない状況だったと考えられます。実際に被災された人々は、逃げるに逃げられなかったと証言していました。真夜中ですから逃げるのは困難だったということです。

２つ目には、土地開発が山地の近いところまで拡大していたことがあげられます。かなり山のぎりぎりまで、都市開発が拡大していたということです。その結果、住宅地は傾斜のある土地に立地することになり、また住宅地と山の斜面の距離が短くなります。そのため、土石流など土砂の移動現象は大きなエネルギーのまま、住宅地に流れ下ることになります。実際に住宅地には大きな力が加わり、家が破壊されてしまいました。この状況は、広島だけじゃなくて、神戸にも通じるものがあります。神戸はすぐ上が六甲山で、住宅地が結構山の近くまで迫っています。しかし神戸では1938（昭和13）年の阪神大水害以来、かなり土砂災害対策しています。

3つ目は、その密集市街地に砂防堰堤などのハザード対策がほとんどなされていなかったことです。広島県下には、土石流発生の危険な渓流が約1万箇所もあり、その対策は大変で、行政は優先順位をつけて対応していたようですが、今回の被災地では対策工事がまだ十分にされていませんでした。そのため発生した土石流による災害を防止、軽減することができなかったということです。砂防堰堤が土石流を防ぐのに大きな効果を発揮するのですが、広島ではこの砂防堰堤の整備が、その当時まだ十分進んでいなかったということです。

砂防堰堤とは土石流など上流から流れ出る有害な土砂を受け止め、貯まった土砂を少しずつ流すことにより、下流に流れる土砂の量を調節する施設です。この砂防堰堤の効果を実験した動画が先ほどご紹介した国土交通省のサイトにあります。「国土交通省　砂防　土砂災害映像（動画）ライブラリ」https://www.mlit.go.jp/river/sabo/movie_library.html

この中に、土石流模型を使った実験の映像があり、右と左に同じような模型がありますが、左側の模型では、上流で発生した土石流が下流の平坦地に溢れて、家屋や橋に被害が出ています。これに対して、右側の模型は、砂防堰堤が建設されているという設定になっていて、渓流に設置された砂防堰堤により土石流が捕捉され、下流への被害を防いでいます。つまり、左側が砂防堰堤の対策なし、右側が砂防堰堤の対策あり、ということです。この動画を見ると、砂防堰堤があることによって、土石流の勢いが、かなり下流の方で弱まっているのがわかると思います。

それから、ちょっと話が変わりますが、地震が原因の土砂災害が発生する場合があります。これは2018（平成30）年の北海道胆振東部地震での北海道厚真町の被害ですが、土砂崩れで崩落した地層について、専門家は火山噴火による軽石層だと指摘しています。地震による揺れに弱い性質があり、この地震の前に大雨が降っていたので、次の日に地震が起こったことのほかに、大雨も影響した可能性があるということです。なぜ崖の下に家がたくさんあったのか、疑問に持たれる方もいると思いますが、この地方では冬に寒い北風が吹くので、その北風を避ける意味で、崖の下に家がたくさん立地していたようです。

最後に、土砂災害に対する備えということで、ハザードマップの説明をします。例として神戸市のハザードマップでは、赤色や黄色に地域が色分けされているのですが、黄色は土砂災害警戒区域（イエローゾーン）で注意しなければいけないというところです。赤色は土砂災害特別警戒区域（レッドゾーン）ということで、さらに警戒しなければならないところです。神戸市の場合は、土砂災害ハザードマップに合わせて、洪水のハザードマップも合わせて描かれています。例えば、崖崩れは雨や地震などの影響で斜面が急激に崩れ落ちることですが、崖の真下はレッドゾーンで、周りがイエローゾーンになっています。土石流は、大量の砂や水が細い川から流れ出し建物や道路を押し流す災害で、川のすぐ近くがレッドゾーンで、その周りがイエローゾーンです。地すべりは地下水などの影響で斜面が広い範囲にわたってゆっくり滑り落ちる災害ですが、この場合も崖のすぐ下がレッドゾーンで、その周りがイエローゾーンということです。

７章

竜巻による災害

この章は竜巻についての説明です。発生メカニズムや被災地で災害の備え、災害時の行動について説明します。

竜巻発生のメカニズムですが、竜巻というのは極めて大きく発達したスーパーセルと呼ばれる特殊な積乱雲から発生します。８章で説明する雷も原因は積乱雲です。通常、積乱雲の寿命は１時間ほどですが、スーパーセルは強い上昇気流で、地表の暖かく湿った空気を取り入れながら、数時間にわたって発達することもある特殊な積乱雲です。スーパーセル内にある、渦を巻いた上昇気流（メソサイクロン）の下で竜巻が発生します。竜巻が発生すると、スーパーセルの底から飛び出た円筒状の雲から、細長い漏斗（ろうと）雲が地上に伸びて竜巻が見えるようになります。

日本では年間数個から30個程度の竜巻の発生が報告されています。竜巻の発生場所ですが、関東地方をはじめとする太平洋沿岸で多いです。それと日本海側でも発生しています。このように発生地域としては大きく２つの地域があります。太平洋岸に沿う地域で発生する竜巻と、日本海に沿う地域で発生する竜巻では発生する時期が違います。太平洋岸に沿う地域で発生する竜巻は、夏から秋にかけての台風接近時に発生することが多く、台風接近時に中心から数百メートル離れた北東側の地域で発生することが多いということがわかっています。これに対して、日本海に沿う地域で発生する竜巻というのは、冬季に降雪をもたらす積乱雲から発生します。

この竜巻の大きさを測るための指標があります。これを藤田スケールといいます。これにはＦ０からＦ５まで段階があって、それぞれの風速と、そのときどういう被害が起こるかが書かれています。解説を読むと竜巻など激しい突風をもたらす現象は、水平規模が小さく、既存の風速計から風速の実測値を得ることは困難です。このため1971年にアメリカのシカゴ大学の藤田哲也博士により、竜巻などダウンバーストの突風により発生した被害の状況から、風速を大まかに推定する藤田スケール（Fスケールとも呼ばれます）が考案されました。被害が大きいほどFの値が大きく、風速が大きかったことを示します。日本ではこれまでＦ４以上の竜巻は観測されていないということです。アメリカだとかなり大きなトルネードと呼ばれる竜巻が、アメリカの内陸部でよく発生しているのがニュースで流れます。

急に発生してやってくる竜巻に対して、どうやって身を守ればいいかというと、まず空の変化を見逃さずに適切な対処を行うということです。

竜巻は発達した積乱雲であるスーパーセルによる強い上昇気流によって作られます。建物を倒し、車をひっくり返すこともあります。また、様々なものが竜巻に巻き上げられ、猛スピードで飛んでくるのも、竜巻の怖さの１つです。建物の中にいても、竜巻により飛んできたものが、ガラスを割ったり、壁に刺さったりすることがあります。日頃から、空の変化に注意を払うとともに、気象庁が発表する竜巻注意情報も確認することが大事です。

竜巻発生の前触れについてはいくつかあります。まず１つ目が低く真っ黒な雲が接近する、２つ目に雷鳴が聞こえたり雷光が見える、３つ目として急に冷たい風が吹き出す、こういったことがあると、竜巻をもたらすような積乱雲が接近しているというサインです。

それから、竜巻をもたらすような積乱雲による現象は、１つ目が窓や壁に打ち付けるような強い雨や風が起こるということ、もう１つは雹（ひょう）が降り出す、これらが竜巻発生の前触れです。こういうことが起こったら竜巻が来るのではないと、ちょっと頭の片隅においておく方がいいかもしれません。

なかなか難しいですが自分で取れる対策としては、まず竜巻発生の兆しを確認したら、屋外にいる場合はまず屋内に退避する、つまり建物の中にいた方が安全です。屋内にいる場合は、雨戸、窓、カーテンを閉めるということ、建物の中心部に近い安全な部屋に移動することが大事です。建物の周辺部、つまり外側の窓に近いところだと物が飛んできて窓ガラスが割れたりするから、建物の中心部の安全な部屋に移動することが大事です。

次に竜巻が発生したら、まず屋外にいる場合は車庫や物置、プレハブ小屋を避難場所にしないということです。車庫、物置、プレハブ小屋などは竜巻で巻き上げられてしまう可能性があります。それから、近くに駆け込める場所がなければ、丈夫な構造物のそばにうずくまったり、側溝などに伏せるということです。コンクリート製などの丈夫な建物に逃げ込むということも有効です。

最近は、観測網が発達して直前予報ができるようになってきているが、全て予報できるかどうかは、わからないです。大雨、豪雨と同様に、気象庁のナウキャストというシステムの利用が竜巻の場合にも有効です。

8章

雷による災害

雷の発生メカニズムや、国内外で被災が多い地域などについて説明します。雷発生のメカニズムとしては、大きく2つがあります。1つが対地放電、いわゆる落雷、つまり雷が落ちてくるということです。対地放電というのは、地面に対して放電されるということです。これは積乱雲の上部にはプラス、下部にはマイナスの電荷が溜まるので、それと同時に、地上ではプラスに帯電し、雲の下部のマイナス電荷との間で火花放電が発生し、地面に対して放電されるということです。2つ目は雲放電で、発達した積乱雲の中や、雲と雲の間でも放電は発生するということです。

雷の種類としては、雷が発生する積乱雲を引き起こす上昇気流の原因によって、以下の4つに分類することができます。

1番目が熱雷で、上空に冷気がある時に地面や海面の暖気が上昇し積乱雲（雷雲）が発生することで、夏の太平洋高気圧に覆われた気象状態は2～3日維持され、ほぼ毎日積乱雲が発生し、雷が発生しやすいため雷3日と呼ばれます。

2番目が界雷で、温暖前線や寒冷前線付近の上昇気流によって発生する雷雲のことです。季節を問わず強い前線が通過するときに発生します。

3番目が渦雷低気圧雷で、低気圧の上昇気流で発生する雷雲で、台風に伴う雷はこの一種であるということです。

4番目は熱界雷で、実際には雷雲は複数の原因が重なって発生しますが、熱雷が発生しやすい気象条件下で前線が通過するときに発生するものを熱界雷といいます。熱雷と界雷の両方合わさったのが熱界雷です。夏の雷雲は多くはこの型です。

雷発生数ですが、結論からいうと、やはり夏の夕方に多いです。しかし冬も、特に日本海側で竜巻と同様に降雪を伴う積乱雲が発生する場合があり、雷発生数はそれなりに多いです。

それから、雷による災害時の行動ですが、覚えていただきたいのは、雷による災害は落雷と側撃雷というものがあるということです。落雷は地面に落ちてくる雷です。落雷の性質としては、周りより高いところに落ちやすいのです。周囲が開けた場所は、危険ということです。これに対して、側撃雷は木の幹や枝から雷に打たれることもあるということです。木の側は危険ということです。

雷に注意が必要なのは、特にゴルフやサッカー、野球などの屋外スポーツや、公園、海、山におけるレジャーなどでは特に気をつけてください。

雷から身を守るには、まず雷鳴が聞こえたらすぐ避難することです。雷鳴が遠くても、雷雲はすぐ近づいて来ることがあるので、屋外にいる人は安全な場所に避難しましょう。

また、建物の中や自動車への避難、頑丈な建物や屋根付きの乗り物などへ避難しましょう。雨宿りで木の下に入るのは大変危険です。木や電柱からは側撃雷の恐れがあるので、4ｍ以上離れるということです。図８－１に示す三角の範囲内、つまり電柱とか木から4ｍ離れた中で、一番上から45度の角度の内に入る範囲が、比較的危険が小さいが、なるべく屋内の安全な場所に避難しましょう。もし近くに避難する場所がない場合には、姿勢を

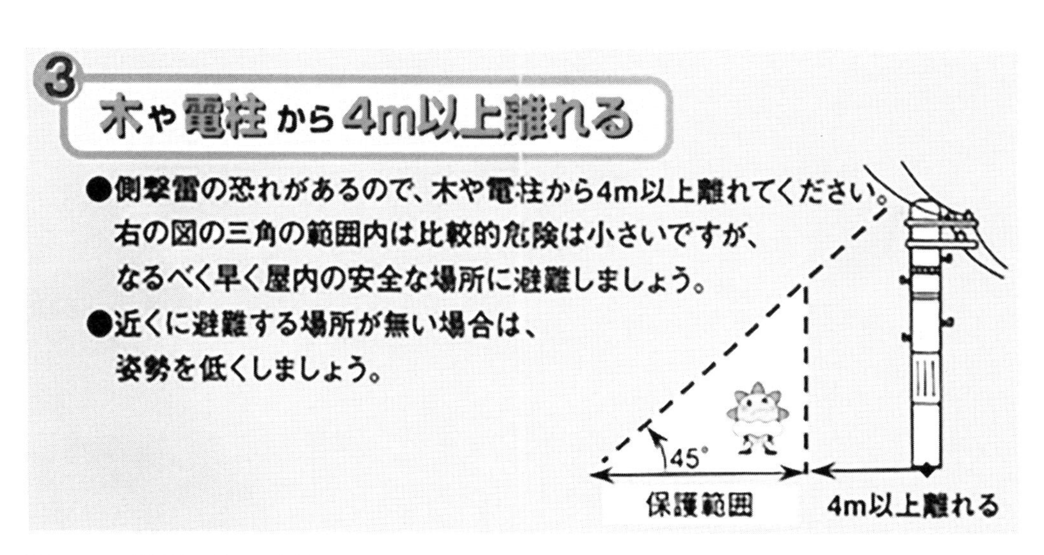

図８－１　側撃雷に対し、比較的安全な範囲　　<出典>気象庁ナウキャストのパンフレットより引用

低くしましょう。

雷というのは、電気器具、特にパソコンなどに悪影響を与える事が多いです。落雷による電気器具の障害を防ぐには、電気器具のスイッチを切るだけでなく、プラグをコンセントから抜いておく必要があります。しかし雷の侵入経路は電線以外にも電話線やアンテナ線など、多様であることから完全な対策にはなりません。また市販されている耐雷機器、雷ガード機能付きタップを利用するのも効果的ですが、雷の直撃の影響まで防げるわけではありません。特にパソコンの場合には、この雷による影響で、停電や瞬時の電圧低下（瞬低）が起こると、誤動作やデータ消失を起こすことがあります。最近はこのようなトラブルを防ぐために、無停電電源装置（UPS）と呼ばれる機器が市販されているので、こういう機器を付ける必要があります。

大雨の時と竜巻の時にも説明しましたが、雷も含めて、大雨・雷・竜巻の原因は積乱雲です。積乱雲を観測するシステムがあるという説明をこれまでもしていますが、気象庁がナウキャストという積乱雲の観測を行っているシステムがあるので、それを有効活用すると、大雨、竜巻だけではなく、雷もある程度直前に予測することが出来ます。ぜひ活用してください。

9章

交通事故災害

事故災害のうち、まず交通災害について説明します。

具体的には、9．1．で、自動車事故災害、9．2．で、航空災害、海上災害、鉄道災害について説明します。

9．1．自動車による交通事故

自動車による交通事故の発生の概況と推移について説明します。

自動車による交通事故の死者数は、図9－1のグラフに示すように、平成に入ってから、ずっと一貫して減っています。グラフ全体を見ると、1970（昭和45）年あたりに交通事故

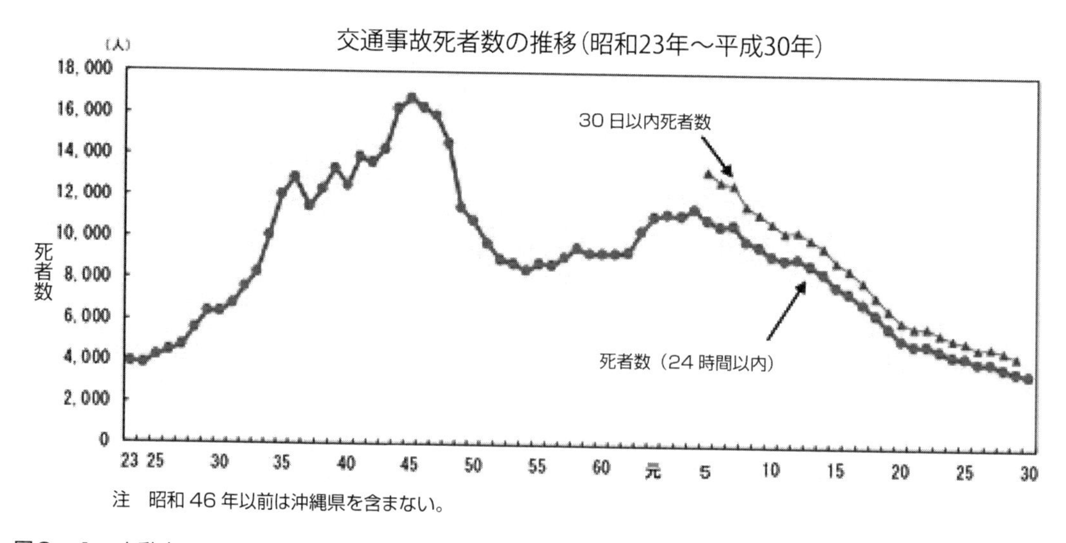

図9－1　自動車による交通事故の死者数の推移（出典：警察庁統計より）

の死者のピークがあり、この時は年間1万6000人ぐらいが亡くなっているのですが、その後、減ったり増えたりを繰り返し、平成に入ってからはずっと減っています。最近、例えば2018（平成30）年ぐらいでは、だいたい4000人弱ぐらいまで死者は減っています。

警察庁の統計で、交通事故の死者数というと、普通は24時間以内に死亡した場合を指しますが、途中からもう1つ、30日以内に死亡した場合の統計もとっています。

ここで警察と消防の組織名について、表9－1に示しました。先ほど警察庁といいましたが、「警察庁」というのは国の組織です。これに対して、兵庫県の場合は「兵庫県警」、東京都だけは東京都警とはいわず、「警視庁」といいます。同じように消防は、神戸市は「神戸市消防局」ですが、東京は「東京消防庁」といいます。国の方は「総務省消防庁」という組織がありますので、違いに注意してください。

表9－1　警察、消防の組織名について

	兵庫県	東京都	国
警察	兵庫県警	警視庁	警察庁
消防	神戸市は、神戸市消防局	東京消防庁	（総務省）消防庁

最近の自動車による交通事故発生については、先ほど説明したように、平成に入ってからずっと減っています。表9－2に最近の自動車による交通事故発生状況を示します。上から3番目の死者数のところを見ていただくと、警察庁の統計で死者数は、事故発生から24時間以内に死亡した場合を指すと先ほど説明しましたが、これを見ると2014（平成26）年は4113人ですが、2015（平成27）年4117人、2016（平成28）年3904人、2017（平成29）年3694人で、2018（平成30）年は3532人まで減っています。これとは別に、交通事故の死者といった場合に、警察庁の統計だけでなく、もう1つ別の統計があります。

一番下の厚生統計という厚生労働省が福祉政策などに役立てるために取っている統計です。こちらは統計を取っている期間が、事故発生から1年以内に死亡した場合ですから、24時間経過後に死亡した人は、こちらの厚生統計の死者数にカウントされます。これは、2014（平成26）年5589人、2015（平成27）年5525人、2016（平成28）年5148人、2017（平成29）年4863人というように、警察庁の24間以内の統計よりも、少し多くなっています。

表９－２　最近の自動車による交通事故発生状況　　＜出典＞警察庁ホームページに加筆。

http://www.npa.go.jp/hanzaihigai/whitepaper/w-2019/html/zenbun/part6/s6_09.html

		平成26年	平成27年	平成28年	平成29年	平成30年
発生件数（件）		573,842	536,899	499,201	472,165	430,601
死亡事故（件）		4,013	4,028	3,790	3,630	3,449
死者数（人）（24時間以内）		4,113	4,117	3,904	3,694	3,532
負傷者数（人）		711,374	666,023	618,853	580,850	525,846
	重傷者数（人）	41,658	38,959	37,356	36,895	34,558
	軽傷者数（人）	669,716	627,064	581,497	543,955	491,288
厚生統計の死者数（人）（1年以内）		5,589	5,525	5,148	4,863	

注１：「重傷」とは、交通事故によって負傷し、１箇月（30日）以上の治療を要する場合をいう。
　２：「軽傷」とは、交通事故によって負傷し、１箇月（30日）未満の治療を要する場合をいう。
　３：厚生統計の死者は、厚生労働省統計資料「人口動態統計」による。この場合の交通事故死者数は、当該年に死亡した者のうち原死因が交通事故によるもの（事故発生後１年を超えて死亡した者及び後遺症により死亡した者を除く）をいう。
厚生統計は、平成６年までは、自動車事故とされた者の数を計上しており、平成７年以降は、陸上の交通事故とされた者から鉄道員等明らかに道路上の交通事故ではないと判断される者を除いた数を計上している。

より詳しい交通事故発生状況の推移ですが、死者数は24時間以内と30日以内の死者数のほかに厚生統計というのがあります。24時間以内と30日以内の死者数は警察庁の統計です。これに対して厚生統計の方は１年以内の死者数で、少し数が多くなっています。しかしいずれの死者数も、平成に入ってから減っています。事故発生件数や負傷者については、1998（平成10）年から2003（平成15）年近辺をピークに増えており、そして最近減っているという形になっています。つまり、事故自体は一時期増えたが、死亡する人は減少傾向ということです。

1970（昭和45）年に交通事故の死者数は、史上最悪の１万6765人を記録しました。これを受けて安全対策基本法が1970（昭和45）年に制定されて、同法に基づく交通安全基本計画は、1971（昭和46）年以降５年ごとに策定されています。この効果によると思うが、1979（昭和54）年には、交通事故死者数は8466人まで減少します。その後増勢に転じるが、1992（平成４）年を境に再び減少に転じるということです。最近死者数は減っているが、交通事故発生件数と負傷者数は、2004（平成16）年に、交通事故発生件数は95万2720件、負傷者数は118万3617人と、それぞれ史上最悪を記録しました。しかし、その後はどれも減ってきており、2017（平成29）年には交通事故死者数は3694人となり、現行の交通事故統計となった1948（昭和23）年以降で最も少なくなりました。交通事故発生件数、負傷者数も、最近は13年連続の減少となっています。

事故を起こす人、事故を受ける人の属性については、高齢者の交通事故の割合が高く、65歳以上の高齢者の人口10万人あたりの交通事故死者数は引き続き減少しているものの、交通事故死者のうち高齢者は2020人で、その占める割合は54.7%と高くなっています。死者のうち半分以上が65歳以上の高齢者ということになります。また高齢者の致死率は他の年齢層に比べて約6倍と高く、さらに近年上昇傾向にあります。この背景には高齢者の人口が増加している一方、他の年齢層の人口減少傾向にあることがあげられます。

これに対して若者の方は、死亡まではいかないものの交通事故負傷率が高いです。そのため、自動車事故に対して補償する自動車保険は若い人に対しては保険料を多く取らないと割に合わないということで、若い人を対象とした自動車保険料は高くなっています。

状態別の交通事故死者数は、歩行中が最も多く36.5%、次いで自動車乗車中33.1%、この歩行中、自動車乗車中、両者合わせると全体で69.5%を占めているということです。

年齢層・状態別人口10万人当たり交通事故死者数によると、歩行者の事故については、高齢者が多いということです。2017（平成29）年の歩行中の死者については、65歳以上の高齢者が多く、特に80歳以上では全年齢層の死亡率10万人当たりの死者数は、全年齢層の約4倍になっています。

安全対策についてシートベルトの着用は重要です。2017（平成29）年中の自動車乗車中の交通事故死者数を、シートベルトの着用の有無別に見ると、シートベルト非着用の致死率は、シートベルトを着用している場合の15.3倍に跳ね上がります。

それからチャイルドシートの着用も重要です。6歳未満幼児のチャイルドシートの使用有無別の死亡重傷率をみると、チャイルドシート不使用は使用の2.3倍、致死率でみると、チャイルドシート不使用は使用の4.8倍になります。やはりチャイルドシートも着用することが、死亡率を下げる大きな要因になっています。

自動車による交通事故の発生の事例と法改正について、次に説明したいと思います。飲酒運転の厳罰化ですが、1970（昭和45）年に1万6000人以上が交通事故で亡くなるという時代を経て、飲酒運転の事故の深刻化に伴い徐々に厳罰化されていきました。特に2006年に発生し3人の子どもが死亡した福岡の海の中道大橋での飲酒運転事故以降、世間の声

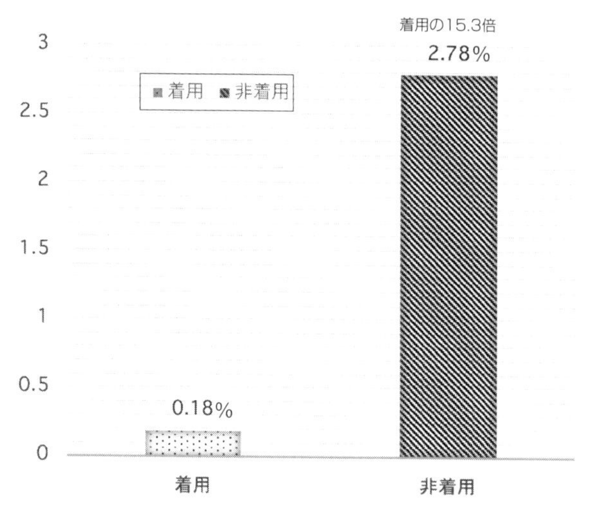

注　1　警察庁資料による。
　　2　致死率＝死者数（自動車乗車中・シートベルト着用有無別）÷死傷者数（自動者乗車中・シートベルト着用有無別）×100

図9－2　自動車乗車中におけるシートベルト着用有無別致死率（平成29年）

＜出典＞内閣府：平成30年交通安全白書

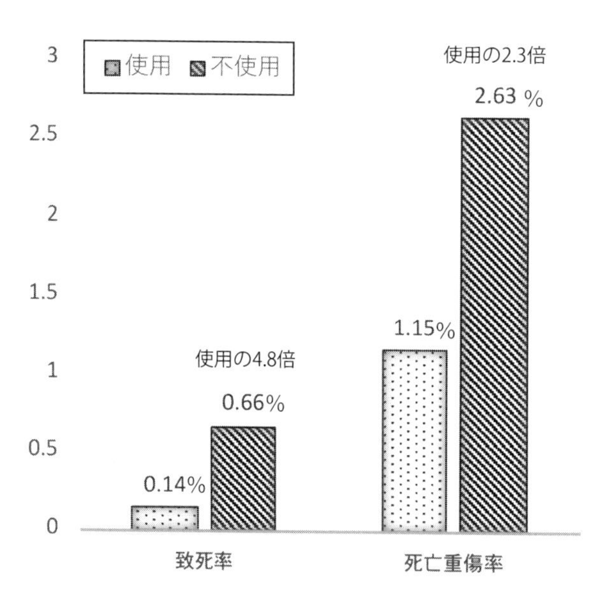

注　1　警察庁資料による。
　　2　致死率＝死者数（6歳未満自動車同乗中）÷死傷者数（6歳未満自動車同乗中）×100
　　3　死亡重傷率＝（死者数（6歳未満自動車同乗中）＋重傷者数（6歳未満自動車同乗中））÷死傷者数（6歳未満自動車同乗中）×100

図9－3　自動車乗車中におけるチャイルドシート着用有無別6歳未満致死率および6歳未満死亡重傷率（平成29年）

＜出典＞内閣府：平成30年交通安全白書

が特に厳しくなりました。

道路交通法による運転者に対する罰則は、酒酔い運転は違反点数35点、これは免許取り消しと欠格期間3年です。酒気帯びは、アルコールの量によって、0.25㎎以上だと違反点数25点、つまり免許取り消し欠格期間2年、酒気帯びで0.15～0.25㎎のアルコールだと免許停止90日と、それぞれ刑罰が定められています。酒酔い運転は5年以下の懲役又は100万円以下の罰金です。酒気帯びの0.25㎎以上は、3年以下の懲役又は50万円以下の罰金、酒気帯びの0.15㎎～0.25㎎は、3年以下の懲役又50万円以下の罰金です。道路交通法は、お酒を飲んだ人その人だけではなく、車両の提供者とか同乗者に対しても罰則があります。車両提供者は、運転者が酒酔い運転の場合は、5年以下の懲役又は100万円以下の罰金です。運転者が酒気帯び運転の場合には、3年以下の懲役又は50万円以下の罰金、酒類の提供者あるいは車両の同乗者については、運転手が酒酔い運転の場合3年以下の懲役又は50万円以下の罰金、運転者が酒気帯び運転の場合は、2年以下の懲役又は30万円以下の罰金というように、お酒によって運転していた人だけではなく、車両の提供者や同乗者に対する罰則もあります。

今までの説明は道路交通法ですが、もう1つ死傷事故を起こした場合は、刑法の対象になります。刑法の罪状としては、自動車運転過失致死傷罪というものがあります。これは必要な注意を怠って人を死傷させた場合に適用されるということです。事故の結果、死亡または負傷で、7年以下の懲役もしくは禁錮、又は100万円以下の罰金となります。これと、危険運転致死傷罪というものがあります。アルコールまた薬物の影響により、正常な運転が困難な状態で自動車走行させた場合、事故の結果が負傷のときには15年以下の懲役、死亡させてしまったときは、1年以上の有期懲役ということになります。これは、危険運転過失致死傷罪は、死亡させた方が、刑が軽いように見えるかもしれませんが、1年以上の有期懲役というのは、例えば先ほどの福岡の事故の場合など、20年の懲役が科せられることもあります。懲役20年とは殺人と同じくらいの罪ということです。

それから、「ながら運転」について説明します。ながら運転とは、スマートフォンやカーナビなどの画面を注視したり、携帯電話で通話しながら車を運転することです。警視庁の資料によると、近年、ながら運転による事故件数が大幅に増加し、2008年ごろには1299

件だった事故件数は、2018（平成 30）年は 2790 件と約２倍になっています。これはスマートフォンなどの普及が影響しているのではということです。実際の例としては、2016 年に愛知県でスマートフォンでゲームをしながらトラックを運転していた男性が、小学生をはねて死亡させる事故が発生するなど、重大な事故が後を絶ちません。政府は 2019 年に、ながら運転について罰則や反則金、違反点数の厳罰化する改正道路交通法の施行令を閣議決定しました。改正後の反則金は約３倍になりました。これは2019年12月1日から施行され、ながら運転による事故抑止とドライバーの運転マナー向上が期待されます。

もう１つ、「あおり運転」について説明します。このあおり運転については有名なのは 2017 年に東名高速道路で起こった事故です。事故は 2017 年６月５日の夜に発生しました。夫妻と娘２人が乗る車が、被告の車に４度の激しい接近で妨害され、高速道路上で停止してしまい、被告が被害者夫妻を高速道路上に引きずり出して、話をしている間に、この夫妻は後続のトラックに追突され死亡し、娘２人は負傷しました。このような痛ましい事故を受け、2019 年あおり運転は即座に免許取り消しになりました。警察庁は道路交通法にあおり運転を新たに規定し、事故を起こさなくても即座に免許取り消し処分とする方針を固めました。

次に、自動車保険の仕組みについて説明します。自動車保険というのは大きく分けて自賠責保険という必ず加入しなければならない保険と、任意の自動車保険に分けられます。任意の自動車保険の方は、賠償責任、傷害補償と車両損害に分けられます。賠償責任は、対人賠償保険と対物賠償保険に、傷害補償については人身傷害補償保険、搭乗者傷害保険、無保険車傷害保険、自損事故保険に分けられます。車両損害については車両保険というのがあります。

この任意の自動車保険と自賠責保険の関係は、いわゆる２階建てになっています。１階部分が自賠責保険、つまり必ず加入する強制保険です。この自賠責保険の補償内容は、死亡 3000 万円、後遺障害 4000 万円、傷害 120 万円ということで、もし仮に自賠責保険に入っていて、人を車で轢いて死なせてしまった場合 3000 万円の保険金が出ます。しかし、最近の裁判の判例では、交通事故により車で人を死亡させてしまった場合、２億円、３億円を支払うべきという裁判の結果が出ることがあって、自賠責保険の 3000 万円では足りないという事例が起こっています。そのような場合に対して、対応するのが2階部分の任意の自動車保険ということです。こちらは対人無制限や対物無制限といった補償もできるので、例えば2億円、3億円の支払い命令が出ても、任意の自動車保険の方から、足りない部分が補償されるということです。

9.2. 航空災害、海上災害、鉄道災害

ここからは、航空災害、海上災害、鉄道災害について説明します。

まず自動車による交通事故ですが、先ほど説明した1970年に1万6765人で、自動車事故の死亡者数がピークを迎えますが、それに比べると鉄道事故、航空事故、海難事故は少ないです。鉄道事故は1945年に死亡者が3460人程度あり、1950～60年に年間3000人程度の死亡者がいる時期もありましたが、1985年以降は減っています。しかし、2005年に474人の死亡者がありました。これはいわゆる尼崎の列車脱線事故です。その事故で鉄道での死亡者が増えました。鉄道事故に比べると、航空事故、海難事故はずっと少ないです。航空事故については、1985年に530人という死亡者数があります。これは日本航空のジャンボ機墜落事故があり、500人以上が一度に亡くなる航空事故でした。海難事故については、1954年に2110人という大きな数がカウントされていますが、これは洞爺丸の転覆事故があったので、このように死亡者数が多くなっています。

これから1つひとつの災害について説明します。主な航空機事故についてですが、1966年には立て続けに大きな事故が起こりました。2月に全日空羽田沖墜落事故、4月にカナダ太平洋航空の着陸失敗事故、5月に英国海外航空の富士山上空空中分解事故、11月に全日空松山墜落事故と、航空事故が立て続けに起こりました。それから1971年には、ばんだい号墜落事故、7月には全日空機雫石衝突事故、この事故は確か自衛隊の戦闘機と空中衝突したと思います。そして先に説明した1985年の日航ジャンボ機墜落事故というのが8月12日に発生し520人が死亡しています。1994年には中華航空140便墜落事故、この事故は4月に名古屋空港で発生し264人が死亡しました。このうち、1985年の日本航空123便墜落事故について取り上げます。東京の羽田空港から大阪の伊丹空港に行く飛行機が、途中コースを外れてしまって、群馬県の御巣鷹山の尾根に墜落しました。この飛行機は、飛行

中に機体後部の圧力隔壁が破損し、垂直尾翼と補助動力装置が脱落して、油圧操縦システムも全喪失、操縦不能に陥り、迷走飛行（ダッチロール）を起こし墜落しました。この飛行機の機体は1978年にしりもち事故を起こしており、そのとき完全に修理がされてなかったのではないかといわれています。この事故は、乗客乗員524人のうち520人が死亡し、日本航空史上最悪、単独機で世界史上最悪の死者を出す航空機墜落事故になりました。524人中520人が死亡ました。生存者の4人は全員女性だったと思います。遺族でつくる8・12連絡会によると､犠牲者が出たのは401世帯で､そのうち22世帯は一家全員がなくなり、父子家庭になったのは13世帯、母子家庭になったのは189世帯ということです。

次に海難事故ですが、海難事故は1905年に軍用船、軍艦の事故がありました。それから大きいのは、1954年9月に、暴風による青函連絡船洞爺丸の座礁転覆事故です。これは洞爺丸台風と呼ばれる台風で､暴風がおこって青函連絡船（今は青函トンネルがありますが、当時は連絡船で本州の青森と北海道の函館の間を行き来していました。）が事故にあったのです。死者、行方不明者、合わせて1155人に及ぶ日本海難史上最大の惨事となりました。1955年には、紫雲丸という宇高連絡船（岡山県の宇野と四国の高松を結ぶ連絡船で、この当時は本四架橋がなかったので本州と四国の間を連絡船で行き来していた。）が事故を起こしたというのがありました。海外に目を転じると、2014年の4月16日に、韓国の仁川市インチョン港から済州島に向かっていた、セウォル号が沈没してしまったのです。セウォル号には、修学旅行中の高校生325人と教員14人のほか、一般客が108人、乗務員29人の計476人が乗船していたということです。この事故は、乗客、乗員の死者299名、行方不明者5名、操作作業員の死者8名を出し、韓国で発生した海難事故としては、一番の惨事になってしまいました。

最後に鉄道事故です。鉄道事故は太平洋戦争の後、しばらく死者が多い時期がありました。この中で特筆すべきものは、1951年の4月、横浜の桜木町で起き根岸線桜木町火災事故というのがあります。その当時、車両が木で出来ていたので、パンタグラフからの火花が引火し､それで火災が起きたのです。乗客が中に閉じ込めら多くの人が亡くなりました。この事故以降、電車のドア近くに赤い枠で囲まれた非常用コック、ドアコックというものが設置され、非常用コックがちゃんとここにありますというように表示されるようになったのは、この桜木町事故の後です。それから1963年11月の横須賀線の鶴見事故、これも横浜の鶴見で起きた事故です。最初に貨物列車が脱線し、そこに横須賀線の電車が突っ込んでしまったというものです。それ以降はしばらくは大きな鉄道事故はなかったのですが、1991年5月に信楽高原鉄道正面衝突事故、それから先ほど説明した、2005年4月に起こったJR福知山線（宝塚線）脱線事故があります。この2005年のJR福知山線脱線事故は、2005年4月25日にJR西日本の福知山線の塚口から尼崎の間で発生した列車脱線事故で、乗客と運転士合わせて107名が死亡し、562名が負傷しました。原因は速度超過です。つまり、かなり速度超過の状態でカーブに入ったことと、ATSという安全装置がまだ設けられていなかったということが、原因として挙げられています。運転士が列車の遅れを取り戻そうとして、速度を出し過ぎてしまったのが原因です。それから、2000年には東京の地下鉄日比谷線でも事故がありました。営団地下鉄（今の東京メトロ）の日比谷線の中目黒駅を出発してすぐの急カーブで線路から脱線してしまい、対向列車に衝突して死者5人、負傷者63人を出した事故がありました。

10章

テロによる災害

続いてテロによる災害について説明します。世界の紛争地帯は宗教分布とは切り離せないと考えられています。特にテロがたくさん発生している中東の辺りで、イラクやアフガニスタンなど、イスラム教徒が多いところが目立っています。それから、中国のチベットや新疆ウイグル地区、ヨーロッパだとユーゴスラビアやコソボなどで紛争が発生しています。この中で、2001年のアメリカの同時多発テロについて説明します。

アメリカのニューヨークに、ワールドトレードセンターという高さ400メートルを超える、高いツインタワーがあり、そこに航空機が両方のビルに同時多発的に衝突し、ビルを破壊してしまうというテロがありました。これは、ウサマ・ビンラディンをリーダーとするイスラム過激派組織アルカイダという組織が、アメリカに対する攻撃を仕掛けたものです。死亡者が約3000人、負傷者も6000人の犠牲者がでました。

それからテロとして忘れてならないものが、日本でもありました。1995年の東京の地下鉄におけるサリン事件です。これは、阪神・淡路大震災が発生した年と同じ1995年の3月20日に、東京の地下鉄丸ノ内線、日比谷線、千代田線の3路線で、同時にサリンが撒かれるという無差別テロ事件が発生しました。これはオウム真理教という新興宗教団体が起こしたテロでした。

11章

公害による被害

この章は公害による被害、例えば大気汚染や水質土壌汚染、騒音について説明します。

日本は1950、60年代ごろの高度経済成長期、重化学工業の産業が発達するに伴って、公害が発生するようになりました。その中で大きなものが、四大公害と呼ばれるものです。四大公害とは、「水俣病」、「新潟水俣病」、「イタイイタイ病」、「四日市ぜんそく」の4つです。四大公害の発生地域、原因企業、原因物質、症状裁判と判決などについて説明します。

まず水俣病についてです。これは熊本県水俣市で発生したもので、原因企業は新日本窒素肥料（現・チッソ株式会社）です。原因物質はメチル水銀化合物です。症状としては、手足の震え、感覚障害、聴覚障害などで、1953年ごろに発生し、1956年ごろに公式に確認された公害です。裁判の争点としては、被告であるチッソ株式会社などの責任が問われ、判決は1973年3月患者側全面勝訴となりました。

次に、新潟水俣病は第二水俣病と呼ばれ、新潟県の阿賀野川流域で発生しました。イタイイタイ病は、富山県の神通川流域で、四日市ぜんそくは、三重県の四日市市です。最初の3つ、つまり水俣病、新潟水俣病、イタイイタイ病は、水質汚濁、詳しく説明すると、新潟水俣病は水俣病と同じくメチル水銀化合物、イタイイタイ病はカドミウムが原因です。四日市ぜんそくは、大気汚染が原因で、硫黄酸化物と呼ばれる化合物で、大気汚染が発生したために、気管支炎と気管支喘息を疾患したということです。四大公害とも、全て裁判が行われ、判決は四つとも患者側の全面勝訴で終わっているということに注目してください。

次に土壌汚染については、日本では栃木県の足尾銅山や宮崎県の土呂久鉱山で起こった鉱毒事件、つまり土の中に有害な金属が入り、それが健康被害を発生させたという事件です。問題になっているのは、製品を作る過程で有害物質を扱った工場の跡地にマンションなどが建てられ、敷地の土壌汚染が問題になりました。

それから騒音公害ですが、日本では騒音公害は環境基本法により、大気汚染、水質汚濁、土壌汚染、振動、地盤沈下、悪臭とともに典型七公害に含まれています。騒音公害は、発生源の種類によって、工場・事業場騒音、建設作業騒音、自動車騒音、鉄道騒音、航空機騒音、その他生活騒音低周波騒音などに分類されます。激しい騒音は人体、特に聴力に損傷を与えるため、労働安全衛生の観点や医学的見地から、20 世紀後半より世界各地で騒音に対する量的基準が制定されています。

12 章
福島第一原発事故原子力発電所の事故とそれによる風評被害

この章では風評被害について説明します。特に福島第一原発事故の風評被害について説明します。

まず原子力発電の基本原理ですが、簡単に説明すると図１２－１に示すように、原子力発電は火力発電のボイラーを原子炉に置き換えたものです。火力発電は石炭や石油などの化石燃料を燃やして熱エネルギーを得て、これを使って水を沸かし、蒸気の力で蒸気タービンを回転させて電気を起こします。これに対して原子力発電は、ウランを核分裂させて熱エネルギーを得て、水を沸かし蒸気の力で蒸気タービンを回転させて電気を起こします。

原子力発電の燃料となるウランは、石油に比べて政情の安定した国々に埋蔵されていることから、資源の安定確保が可能です。また、少しの燃料で長期間発電に使うことが可能な上、使い終わった燃料は再処理することで再び燃料として使用することができ、準国産のエネルギー資源になるというメリットもありますが、反面、核分裂をうまく制御しないと、放射能漏れを起こすというデメリットもあります。

火力発電と原子力発電の違い

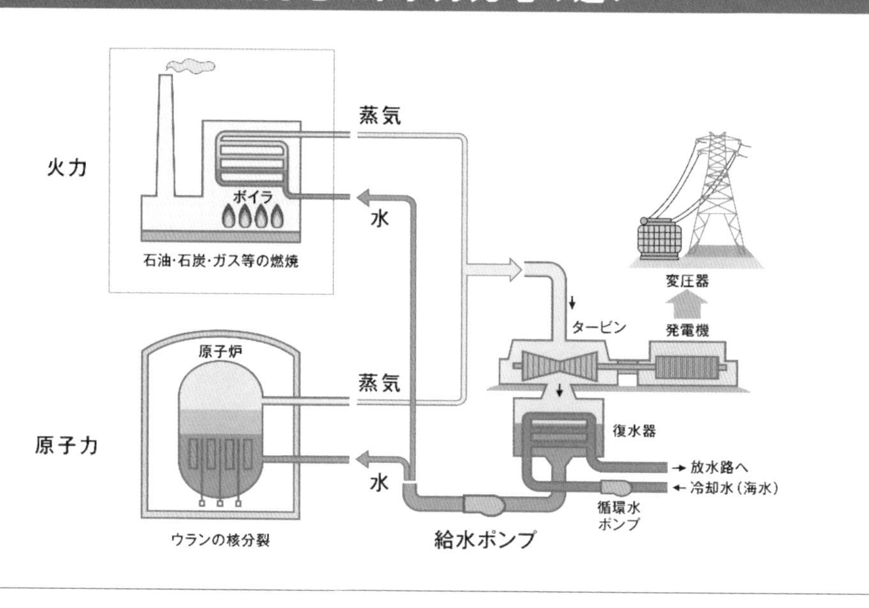

図１２－１　火力発電と原子力発電の違い　　＜出典＞電気事業連合会ホームページ　https://www.fepc.or.jp/

原子力発電所の安全を確保するために、以下の３つの機能というものがあります。

1．核分裂の連鎖反応を止める。
2．原子炉を冷やす。
3．放射性物質を閉じ込める。

これが福島第一原子力発電所の事故の場合は、どうだったかというと、このうちの１番目の「止める」ことだけは成功しましたが、２番目の「冷やす」、３番目の「閉じ込める」は失敗しました。そのために放射能漏れが起きてしまったということです。これを、図１２－２に示します。

福島第一原子力発電所の事故概要

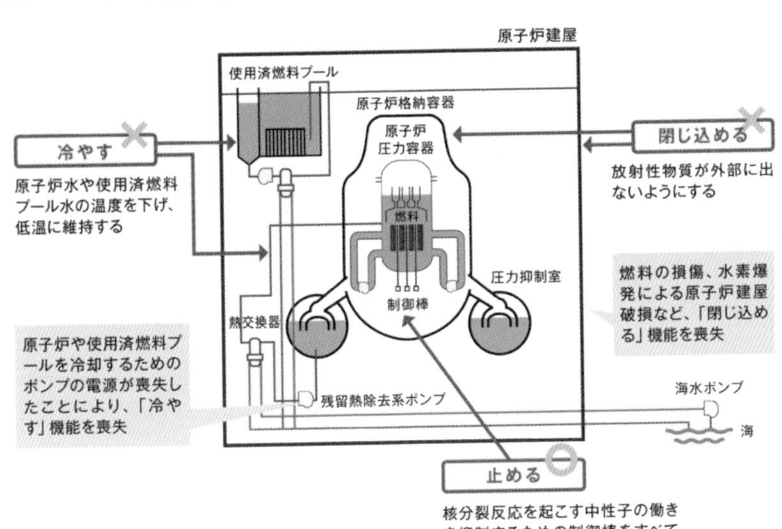

図12−2　福島第一原子力発電所の事故概要

<出典>電気事業連合会ホームページ　https://www.fepc.or.jp/

1番目の「止める」というのは、核分裂反応を起こす中性子の働きを抑制するための制御棒と呼ばれるものを出し入れすることによって核分裂の数を調節します。制御棒を全部挿入すると、原子炉を停止するということで、ここは止められました。2番目の「冷やす」については、原子炉や使用済み燃料プールを冷却するためのポンプの電源が喪失したことにより冷やす機能が喪失しました。ポンプの電源が津波によって損傷してしまったことにより、ポンプが動かなくなったということです。それから3番目の「閉じ込める」については、放射性物質が外部に出ないようにするということですが、これも燃料の損傷や水素爆発によって原子炉建屋が破損し、閉じ込める機能を喪失してしまったということです。福島第一原子力発電所では、3つの機能のうち、「止める」だけは成功しましたが、「冷やす」と「閉じ込める」は、失敗して大きな事故に繋がってしまったということです。

一方、被災地である福島県は放射線の人体への影響などいろいろな情報を発信しています。この原子力発電所の事故以降、福島県ではどういう取り組みをし、どこまで復興しましたというのを、県のホームページで情報発信しています。また、放射線が健康に影響する仕組みなどについても、県のホームページで説明されています。放射線の人体への影響についても、図１２－３のように説明されています。

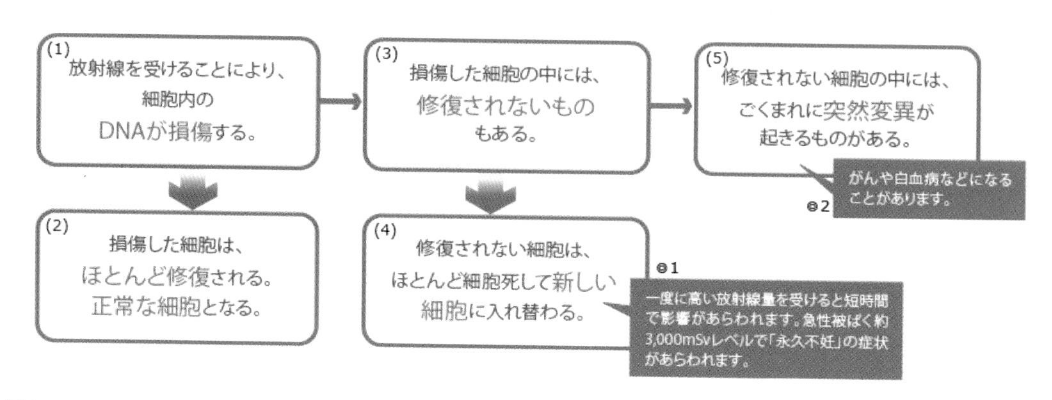

図１２－３　放射線の人体への影響

＜出典＞福島県ホームページ　http://www.pref.fukushima.lg.jp/site/portal/21-3.html

まず、（１）放射線を受けることにより細胞内のＤＮＡが損傷する。（２）損傷した細胞はほとんど修復される。正常な細胞となる。（３）損傷した細胞の中には、修復されないものもある。（４）修復されない細胞はほとんど細胞死して新しい細胞に入れ替わる。（５）修復されない細胞の中には、ごくまれに突然変異が起きるものがある。ということで、これがガンや白血病になることがあるということです。

それから、外部被ばくと内部被ばくについて、図１２－４と図１２－５に示します。外部被ばくというのは、図１２－４にあるように、放射性物質が体の外にあり、その放射線にさらされると、被ばく量は放射性物質から離れるほど少なくなります、距離が２倍になると1/4になるということで、距離の二乗に反比例し、距離が離れるほど被ばく量は小さくなるということです。これに対し、図１２－５の内部被ばくですが、放射性物質は体内に入っても放射線を発します。このように、体内から放射線を受けることを内部被ばくといいます。主な経路としては（１）皮膚（２）飲食で口から（３）空気と一緒に（４）傷口から、ということで放射性物質が体内に取り込まれる経路が書かれています。

福島県のホームページでは復興に向けてのビジョンというのが書かれていて復興ビジョン策定の趣旨が以下のような書かれています。

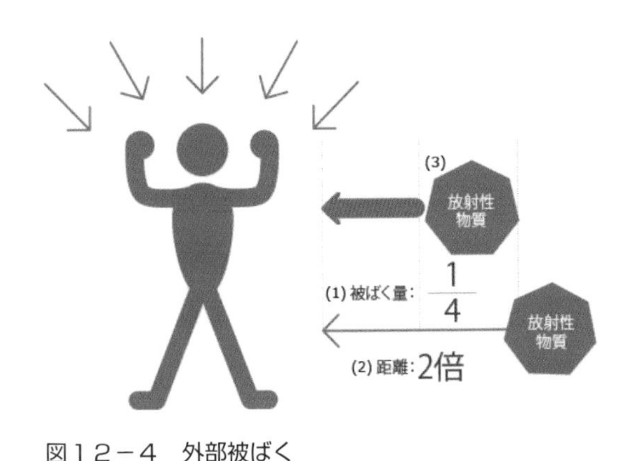

図12－4　外部被ばく

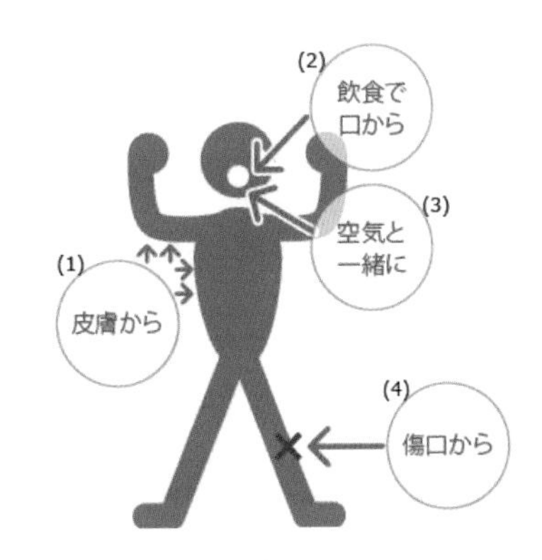

図12－5　内部被ばく
放射性物質が体内に取り込まれる主な経路

＜出典＞福島県ホームページ　http://www.pref.fukushima.lg.jp/site/portal/21-2.html

「本県（福島県）は、地震津波による被害のほか、終息の見えない原子力災害、これに伴う風評被害に苦しんでいますが、県民の皆様に対して、復興に向けた希望の旗を立て、全ての県民が想いを共有しながら一丸となって復興を進めるために、復興に向けての基本理念と主要政策をまとめた福島県復興ビジョンを制作しました。」

これについて、ここでは詳しくは説明しませんが、この文章の中の「風評被害」について、説明していきたいと思います。

福島の風評被害を考えるということで、情報学の専門家で関谷直也さんという方がいます。この人がインタビューに答えている記事がありました。詳しくは、次のサイト（福島の「風評被害」を考える：https://www.nippon.com/ja/features/c04904/（2018.03.31））を読んでいただきたいのですが、要点を簡単にまとめます。

まず風評被害とはどういうものかということです。風評被害とは、「本来安全とされる食品や商品、土地、企業を人々が危険視し、消費や観光を止めることによって引き起こされる経済的損失のことを指す」というように関谷先生は述べています。

風評被害を改善するには、「まずは検査などの情報を地道に伝えていく、福島の原発事故は原子力災害なので、原子力災害からどこまで回復したという事実を伝える。それが風評被害対策にとって、最善の方法である」というように述べています。

特別編

災害に対するリスクマネジメントについて

この特別編では、地震保険や火災保険などの損害保険と、リスクマネジメントについて説明します。

まず、リスクマネジメントや保険の説明をする前に、そもそもリスクとはどういうものなのかということを説明したいと思います。リスクとは2つの構成要素からなっています。1つが、損失という不利益な結果を被る「確率」という要素、もう1つが、その「損失の大きさ」という要素からなっています。この2つの構成要素のうちの1つである確率について考えてみます。まず、事故などの発生確率について考えてみます。問題として次の4つの事故や災害について、発生確率の高いものから順に並べてみようと思います。

①航空機事故で死亡
②火災にあう
③自動車事故で死亡
④自動車事故で負傷

という4つの事象があった場合に、発生確率が高い順に並べてみてください。

正解は、1番確率が高いのは、④自動車事故で負傷、交通事故でケガをするということです。30年間で24%発生しています。2番目に確率が高いのは、②火災にあうで、30年間で1.9%発生、3番目に確率が高いのは、③自動車事故での死亡で、30年間で0.20%発生、1番確率が低いのは、①航空機事故での死亡で、30年間で0.002%発生しています。

このように、リスクの構成要素として、発生確率と損失の大きさというのがありますが、これを見ると発生確率が高いものは、どちらかというと損失の大きさは、そんなに大きくない、逆に発生確率が低いものの方が、損失の大きさが大きい、ということはわかると思います。ケガよりも死亡の方が、損失の大きさが大きいということです。発生確率が高いものは損失の大きさは小さく、発生確率が低いものの方が損失の大きさが大きいという法則を、「ハインリッヒの法則」と専門用語では言います。

ここで、日本における自然災害・事故等の発生確率について、図13－1に示します。

ここでは、参考として、今後30年以内に数%という値が、1年間に発生する確率で見たときに災害や事故・犯罪にあう可能性と比較して、どの程度に位置するかを統計資料で調べたものである。地震という自然事象の発生確率そのものと、事象発生による結果として死傷する確率は直接的に比較できないことから、参考程度の情報として見てもらいたい。

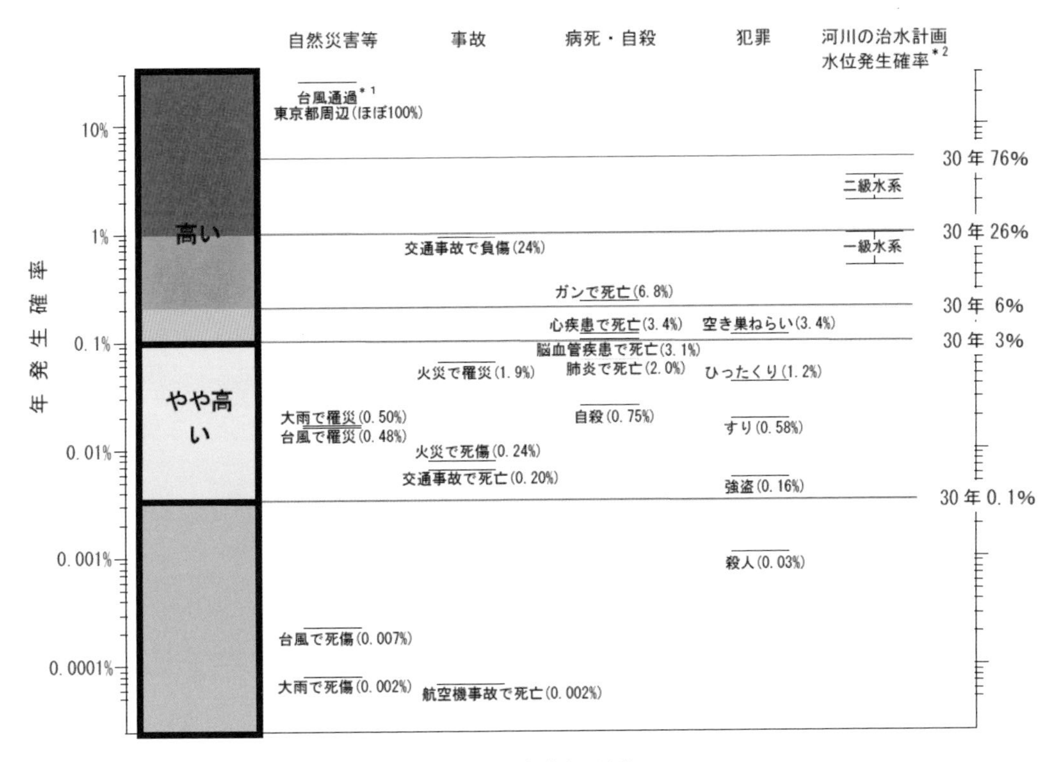

参考図1 年発生確率の比較
括弧内は30年発生確率

図13－1 日本における自然災害・事故等の発生確率　＜出典＞地震調査研究推進本部

http://www.jishin.go.jp/main/chousa/06_yosokuchizu/index.htm

交通事故（自動車事故）で負傷というのが、左側見ていただくと、カラーバーの赤と次にオレンジ色の境目ぐらいにあることを覚えておくと、後の評価がわかりやすくなります。

次に、図１３－２は、地震による揺れの発生確率を、場所によって色分けしたものです。「確率論的地震動予測地図」と呼ばれるものですが、これを見ていくと先ほどのカラーバーの色分けで、今後 30 年以内に震度６弱以上になる確率を示したのがこの地図です。これを

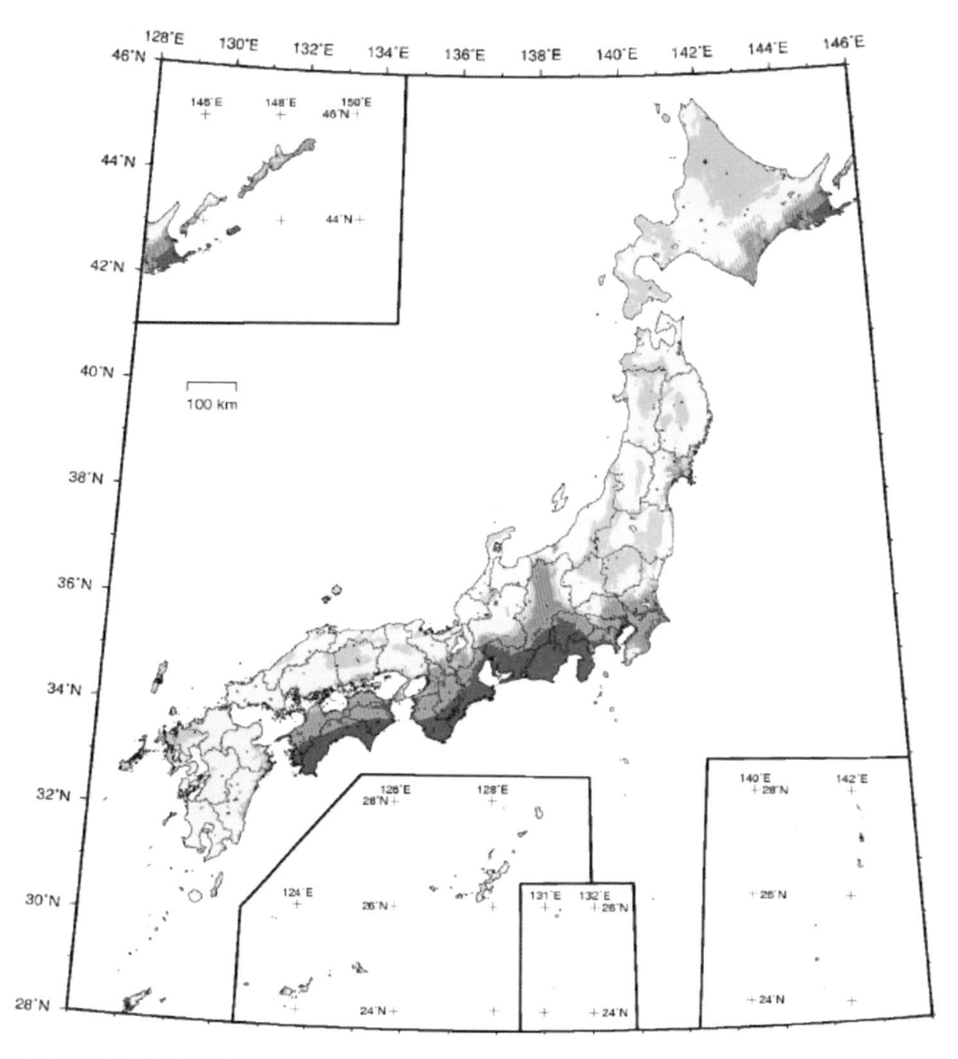

図１３－２　確率論的地震動予測地図
（今後30年以内に震度６弱以上となる確率を示したもの）

＜出典＞地震調査研究推進本部
http://www.jishin.go.jp/main/chousa/06_yosokuchizu/index.htm

見ると、赤色のところは静岡、愛知、三重、和歌山、高知県などに存在しています。ここは先程のカラーバーで自動車事故で負傷する確率と同じか、それより高いところという色分けになっています。これらの地域では自動車事故でケガをするよりも高い確率で、震度６弱以上の地震に遭遇するということです。そのように、見ていただければいいと思います。

この確率論的地震動予測地図については、詳細な情報は、地震ハザードステーションJ-SHIS（http://www.j-shis.bosai.go.jp/）というページで最新版のものが見れますので、興味がある方は見てください。

このような地図のことをハザードマップと呼びます。「ハザード」という言葉を少し説明すると、ここでいうハザードというのは揺れの大きさのことです。つまり揺れの大きさが小さくても、耐震性が低い建物に住んでいる場合は「リスク」、言い換えると損失は大きくなります。つまり、揺れの大きさは小さくても、危険な建物に住んでいる場合には、すぐ壊れてしまうということです。逆に、ハザードが大きいところに住んでいる人は、耐震性の高い建物を建てればリスクは小さく抑えられるということです。

ハザードとリスクに関わる要因について説明します。

ハザード（＝地震の揺れ）に関わる要因としては、地震の震源に近いということ、その震源の活動が活発だということ、埋立地や低地など地盤が軟らかいということ、液状化が起きやすいゆるい砂質地盤、最後に崖崩れなどの土砂災害が起きやすい、といった要因がある場合、ハザードが大きくなる要因があるということです。

もう１つ、リスク（＝損失）が大きくなる要因としては、これは建物側の条件です。建築基準が古い、筋かいという斜めの補強材料が入っていない、あるいは建物が老朽化している場合があてはまります。火気使う業種である料理店などは出火の恐れが高いということです。それから家が密集している場合、火災延焼が広がる恐れがあります。それから家具を固定をしていないと損失も大きく、リスクも大きい要因としてあげられます。

以上、リスクについて説明しましたが、上手くマネジメント処理をするには、どうしたらいいでしょうか。これには、リスクマネジメントという方法があります。リスクマネジメントとは、各種の危険による不測の損害を、最小の費用で効果的に処理するための経営管理手法です。これについては、以下の４つの方法があります。

①リスクの低減
②リスクの移転
③リスクの回避
④リスクの保有

最初にあげられるのがリスクの低減で、リスクそのものを小さくするように対策を立てることです。建物の耐震補強や家具の固定など、リスクそのものを小さくしてしまうということです。それから２番目として、リスクの移転、つまりリスクが起こった場合に補償してもらえるように対策をしておくということです。例えば、保険の購入やリスクの証券化などがここであげられます。３番目は、リスクの回避で、リスクから遠ざかる、自分のところでリスクが高い物件を持っていたら、それを手放してしまうということです。４番目としては、リスクの保有、つまりリスクをそのまま保有する、これはリスクの低い物件は、自分のとこでそのままずっと持っていても良いということです。

今回説明するのは、「①リスクの低減」と「②リスクの移転」についてです。１番目のリスクの低減は、英語でリスクコントロールといいます。リスクそのものを小さくしたり、コントロールするので、そのように呼ばれています。２番目のリスクの移転は、保険の購入やリスクの証券化などで、どちらかというと金融的な手当てなのでリスクファイナンスと呼ばれることが多いです。

まず、①のリスクの低減について説明します。これは、リスクそのものを小さくするような対策を立てること。建物の耐震補強や家具の固定などがあげられます。

揺れによる建物被害について、リスクの低減を考える時に、考えることが２つあります。建物の被害は、「揺れの大きさ」と「建物の耐震性」で決まります。地震の揺れが大きいと、被害が大きくなります。また、建物耐震性が低いと、被害が大きくなります。つまり、揺れによる建物被害というのは、地震の揺れが大きい場合と、建物の耐震性が低い場合に大きくなります。逆にいうと、地震の揺れが小さかったり、建物の耐震性が高かったりすると、揺れによる建物被害は、小さくて済むということです。この地震の揺れと建物の耐震性という２つの要素で、地震の揺れによる建物被害が決まるということをまず押さえておいてください。

1つめは揺れの大きさについて説明します。揺れの大きさは、震源の条件と地盤の良し悪しによって決まります。昔の理科の授業で、地震の規模はマグニチュードが大きいほど、また震源に近いほど、揺れが大きくなるということは習ったと思います。

それから、揺れの大きさは地盤の良し悪しで変わってきます。柔らかい地盤の方が硬い地盤に比べ、地表の近くで急に揺れが大きくなります。それでは柔らかい地盤はどういうところにあるかというと、これは地形と関係しています。揺れやすく柔らかい地盤は川が氾濫して出来た低地や埋立地に多いです。一方、揺れにくく硬い地盤は、山地や丘陵地、台地に多いです。

2つめは建物の耐震性の説明をします。建物の耐震性は建物構造や建築年代によって異なります。一般に、鉄筋コンクリートのようなコンクリート造や、鉄骨造の建物の方が、木造建物よりも、耐震性は高いとされています。もちろん、木造建物でも、耐震性に配慮し、しっかり建てれば、十分な耐震性をもつことは出来ます。また建築基準法という建物が守るべき最低の基準を定めた法律があります。それが改正されるたびに、最低基準がどんどん上げられているので、改正になる前と後で、耐震性が変わるということがいわれています。近年、一番大きな改正は、1981（昭和56）年の改正でした。それ以前と以降で、耐震性に差があり、それ以降の建物は耐震性がより高いことは、過去の地震の被害データからも明らかです。それでは、古い建築基準で建てられた建物は、もうこれは危ないんだと思って諦めるしかないのでしょうか。決して、そんなことはありません。耐震補強という工事をすれば、たとえ古い基準で建てられた建物であっても、十分な耐震性を持つことができます。なぜ古い基準で建てられた建物は耐震性が低いかというと、地震に抵抗する壁、つまり耐力壁が少ないことにより、耐震性の低い建物が多く見られます。耐震性を高くするには、耐力壁に当たるものを多く配置すれば良いということです。耐力壁や、柱や梁に対して斜めの部材である筋交（すじかい）いを、しっかり入れるということです。あとは、基礎と土台の固定、基礎はコンクリートの部分で、土台は木で出来た一番下の材料ですが、これをしっかり固定することが大事です。このような耐震補強を行うことにより、耐震性の低い建物を、地震に強い建物にすることが出来ます。

ここからは②リスクの移転の説明をします。リスクの移転とはリスクが起こった場合に補償してもらえるように対策をしておくことです。例えば、保険の購入やリスクの証券化

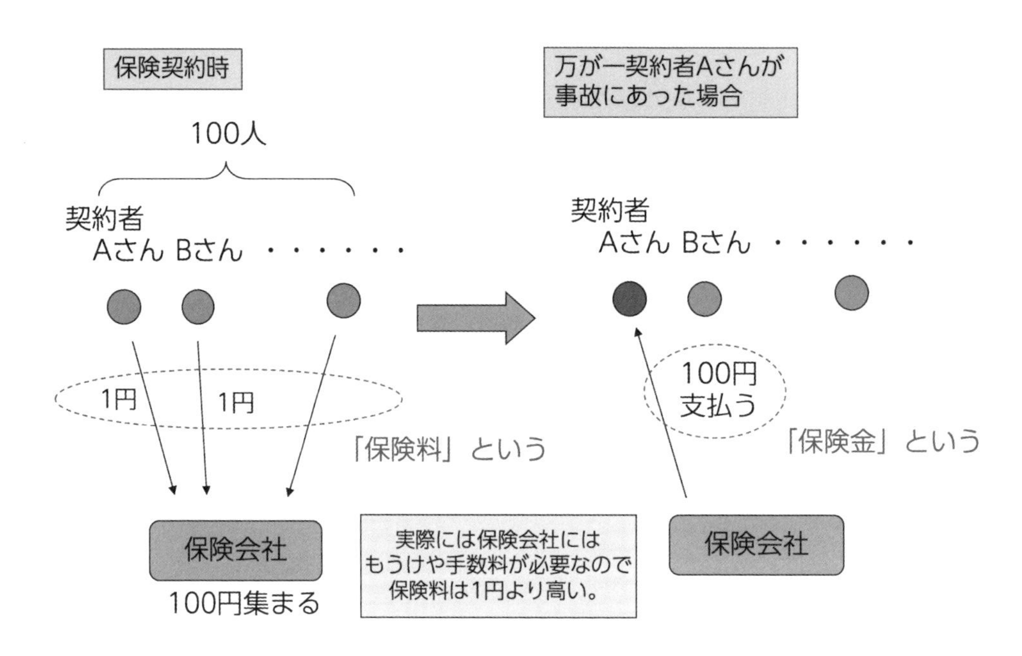

図１３－３　保険の仕組み（筆者作図）

などが、これにあたります。まず、保険の仕組みについて、簡単に説明します。図１３－３を、ご覧ください。

まず保険を契約する時、契約者がＡさんＢさんをはじめ100人いると仮定します。これに対して、保険会社が存在して、ＡさんＢさんなど100人から１円ずつ集めるとすると、保険会社に100円集まります。この状態から万が一、契約者のうちの一人のＡさんに事故があった場合を考えてみましょう。保険会社は100人から１円ずつ集めて100円集めていますが、この100円をＡさんに支払います。Ａさんは、事故があっても100円もらえて、事故に対しての対策は出来たということです。この場合のＡさん、Ｂさんたち100人から保険会社が１円ずつ集めたこの１円のことを「保険料」といいます。

そして保険会社がＡさんに支払った100円のことを「保険金」といいます。「保険料」と「保険金」、言葉は似ているが内容が違うということです。

しかし、保険会社は100円集めて100円支払ったら、保険会社は儲けや手数料がなく存続できないので、実際には保険会社は保険料を１円より高く集めています。

表１３－１を、ご覧ください。保険会社は毎年100人の契約者から１の保険料を徴収すれば、毎年生じる100の保険金支払いに対応することはできるということで、保険が成立

表１３－１　保険会社から見てリスク分散が出来ている場合（筆者作図）

年	契約者1	契約者2	契約者3	・・・	契約者100	損害保険会社
1年目	100	0	0	・・・	0	100
2年目	0	0	100	・・・	0	100
3年目	0	0	0	・・・	100	100
・・・	・・・	・・・	・・・	・・・	・・・	100
X年目	0	100	0		0	100
・・・	・・・	・・・	・・・	・・・	・・・	100
100年目	0	0	0	・・・	0	100
合　計	100	100	100	100	100	10,000

し、リスクの分散がされているということです。

表１３－１を見ていただくと、１年目に契約者１の人に事故が起こって、X 年目に契約者２の人が事故に、２年目に契約者３の人に事故が起こっている、というように、契約者によって、事故が起こる年が異なるというようなことが出来ている場合は、リスクの分散が出来ているということです。

保険会社から見た場合、火災事故や自動車事故というのは、このような保険システムになっています。火災事故や自動車事故は、件数的に多数発生しており、契約者に事故が起こる時期も、保険会社から見ると分散しているということです。これが、保険が成立する条件として挙げられています。リスクの分散というものです。

一方、表１３－２に示した大規模地震のように、ある日突然に全ての契約者に損害が発生し、保険会社に１万件分の巨額な保険金支払いが生じる場合があります。大規模地震の場合には、契約者１の人、２の人も、３の人も、100 の人も、X 年目に皆 100 のお金が必

表１３－２　巨大災害など、保険会社から見てリスク分散が出来ていない場合（筆者作図）

年	契約者1	契約者2	契約者3	・・・	契約者100	損害保険会社
1年目	0	0	0	・・・	0	0
2年目	0	0	0	・・・	0	0
3年目	0	0	0	・・・	0	0
・・・	・・・	・・・	・・・	・・・	・・・	0
X年目	100	100	100		100	10,000
・・・	・・・	・・・	・・・	・・・	・・・	0
100年目	0	0	0	・・・	0	0
合　計	100	100	100	100	100	10,000

要になるということで、100 × 100 で 1 万件分のお金が X 年目に、支払いのために損害保険会社に必要になります。先ほどのように、1 年に 100 ずつ集めていたのでは、足りないということになります。このように、保険原理が成り立たない巨額の保険金支払いがある場合が、大規模地震には考えられるということです。このように、大規模地震など巨大災害のリスクは、保険制度にはなじまない扱いづらいものです。

大規模地震などの巨大災害リスクは、保険制度にはなじまないと説明をしましたが、日本では 1966（昭和 41）年より住宅向けの地震保険の制度が始まっています。そこでは、この巨額な保険金支払いと保険原理が成り立たないという点を克服するために、いくつかの工夫をしています。まず日本の住宅向け地震保険では政府によるバックアップ、保険用語でいうと再保険と呼ばれるものでバックアップをしています。次に、個々の契約の補償額に限度をかけないと、保険金支払いが巨額になってしまうということで、補償内容に制限をかけています。さらに先ほど保険会社は保険料に儲けを見込んでいるという説明をしましたが、なるべく地震保険の保険料を安くするために、最低限の事務経費だけを集めて、儲けは見込まない、ノーロス・ノープロフィットの考え方に基づいています。このような工夫をして初めて、日本の住宅向け地震保険は成り立っています。日本の住宅向け地震保険の補償内容は、表１３－３に示した通りですが、１つ１つ説明していきます。

表１３－３　日本の住宅向け地震保険の補償内容

＜対象となる物件＞
居住用建物（併用住宅を含む）および家財
＜補償される損害＞
地震、噴火またはこれらによる津波を直接・間接の原因とする火災、損壊、埋没、流失によって、保険の目的（保険をつけた居住用建物または家財）が一部損以上の損害を被った場合
➡地震による火災は、火災保険でなく地震保険に入っていないと補償されない！
＜契約方法＞
住まいの火災保険に付帯して契約
＜地震保険の保険金額＞
火災保険の保険金額の30～50%の範囲（創設時は30%のみ）で設定。
ただし建物5000万円（創設時は90万円）、家財1000万円（同60万円）が限度。

対象となる物件は居住用および併用住宅です。つまり店舗や工場と併用している住宅なども含んでいます。そういった建物、居住用建物およびその中に収容されている家財です。

補償される損害は、地震、噴火またはこれによる津波を直接・間接の原因とする火災、損壊埋没、流失によって保険の目的（保険をつけた居住用建物また家財のこと）に、一部損以上の損害を被った場合に補償されるということです。ここでよく間違いやすいのが、地震による火災は地震を原因としている火災ですから、通常の火災保険ではなく地震保険に入っていないと補償されないということにぜひ注意してください。

それから契約方法と地震保険の保険金額ですが、先ほど地震保険は巨額の保険金支払いになるということで、保険の契約に制限をつけるという説明をしました。契約方法としては住宅向け火災保険に付帯して契約することによって、地震保険の補償だけが大きくなることを防いでいます。それと保険金額は火災保険の契約金額の 30 ～ 50％の範囲で設定するということです。さらに建物は 5000 万円、家財は 1000 万円と上限額に制限がついています。そういう制限をつけないと地震保険の支払いが大きくなりすぎて、制度は破綻してしまいます。なお、ここでいう地震保険は住宅向けの地震保険のことで、企業物件については、また別の保険があります。

住宅向け地震保険については、保険料率といって、契約する保険金額にこの保険料率を乗じることによって、地震保険の掛金が計算されます。先ほど説明した確率論的地震動予測地図を覚えているでしょうか。地域によって地震のハザードが異なります。また、建物の耐震性によっても、地震により被害を受けるリスクが異なります。そういったことを反映して、地震保険の料率が決められています。具体的には、保険料は、お住まいの都道府県と建物の構造によって決まります。表１３－４に、その例を示します。

表１３－４によると、例えば兵庫県では鉄筋コンクリート造や鉄骨造の建物では、地震保険の保険金額が 1000 万円の補償をつけると、１年間でどのぐらいの保険料がかかるかというと 7300 円必要です。これに対して木造の建物の場合は１万 1200 円です。木造の建物の中には、耐震性が弱いものがあるということや、地震による火災が起こった時に延焼しやすいということを考慮して、木造建物の保険料が若干高くなっているということです。

表１３－４　2022年10月現在の住宅向け地震保険の保険料率の例

2022年10月1日以降の始期契約における年間保険料例：地震保険契約金額1000万円あたり

建物の所在地（都道府県）	主として鉄骨・コンクリート造の建物	主として木造の建物
兵庫県	7,300円	11,200円
大阪府	11,600円	19,500円
東京都	27,500円	41,100円

割引制度として、次のものがある。
①免震建築物割引（50%）、
②住宅性能表示制度による耐震等級割引（等級１：10%、等級２：30%、等級３：50%）、
③耐震診断割引（10%）、④建築年割引（10%）

<出典>一般社団法人日本損害保険協会　https://www.jishin-hoken.jp/price/　に加筆。

それから大阪府は、鉄筋コンクリート造や鉄骨造の建物は1000万円の補償をつけようとすると年間１万1600円、木造建物だと１万9500円必要になります。地震の活動度が高い東京都では、地震の揺れが起きやすいから、鉄筋コンクリート造や鉄骨造の建物では、1000万円の補償をつけようとすると年間２万7500円、木造建物で４万1100円の保険料が必要ということです。建物の構造については、鉄筋コンクリート造や鉄骨造の建物と木造の建物だけで分類していたのですが、免震建物とかで耐震性が高い建物については、耐震性を考慮したほうがいいということで割引制度があります。免震建物割引のほか、住宅性能表示制度という住宅の性能がこれだけあるというのを保証する制度を利用して、耐震等級を取得した場合、地震保険の保険料率が割り引かれます。あと、耐震診断して現行の建築基準と同等の耐震性を持つと証明された場合や、1981（昭和56）年以降の建築基準法に沿って建てられているということが証明された場合にも割引があります。

それから、住宅向け地震保険の保険金支払いの場合に、どのように保険金が支払われるかということですが、これは最近制度が変わりました。昔は、「全損」、「半損」、「一部損」の３段階でしたが、半損の部分をもう少しきめ細かく分類しようということで、半損が「大半損」と「小半損」に分かれました（図１３－４）。

今まで地震保険について説明してきましたが、地震保険は火災保険に付帯して（くっつけて）契約するということで、火災保険についても少し詳しく説明します。

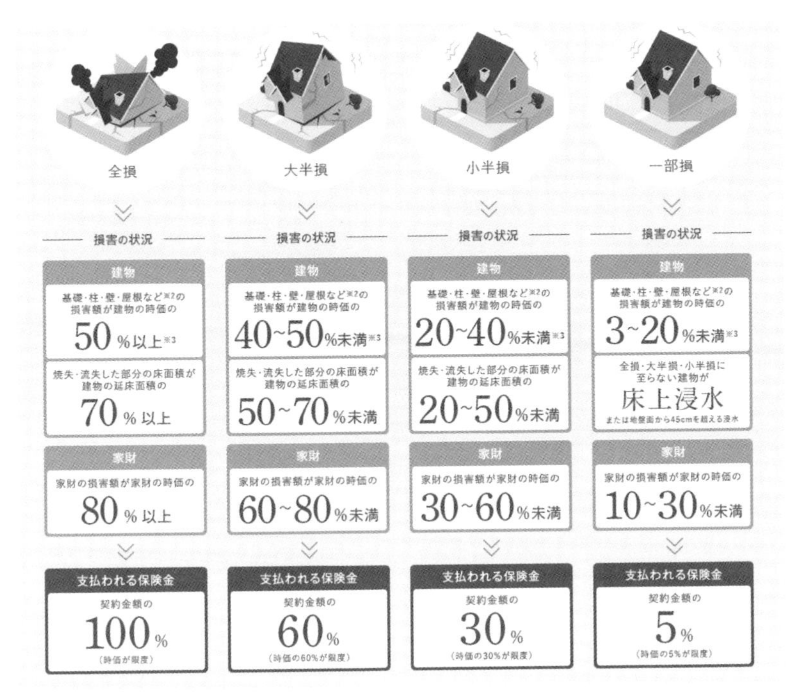

図13−4 住宅向け地震保険の保険金支払いについて　＜出典＞一般社団法人日本損害保険協会
https://www.jishin-hoken.jp/price/

火災保険は住宅を取り巻くさまざまなリスクを総合的に補償するタイプである「住宅総合保険」とベーシックな保証のタイプである「住宅火災保険」に大きく分かれます。

火災保険という名前がついていますが。図１３−５を見てわかるように、火災だけを補償しているのではありません。特に、総合的に補償するタイプである住宅総合保険についてはかなり広い範囲を補償しています。住宅総合保険も住宅火災保険も、火災、落雷、ガス爆発などの破裂・爆発、風災・ひょう災・雪災についてはどちらも補償します。そのうち住宅総合保険だけが補償するのは、水災より右側です。つまり、水災のほか、自動車の飛び込み等による飛来・落下・衝突、給排水設備の事故などによる水漏れ、騒じょうなど

	火災	落雷	ガス爆発などの破裂・爆発	風災・ひょう災・雪災	水災	自動車の飛込み等による飛来・落下・衝突	給排水設備の事故等による水濡れ	騒じょう等による暴行・破壊	盗難
住宅総合保険	○	○	○	○ ※一部自己負担額がある場合もあります。	○ ※一部自己負担額がある場合もあります。	○	○	○	○
住宅火災保険	○	○	○	○ ※一部自己負担額がある場合もあります。	×	×	×	×	×

図１３−５ 住宅総合保険、住宅火災保険の補償内容（図４−２の再掲）
＜出典＞日本損害保険協会ホームページ　http://www.sonpo.or.jp/useful/insurance/kasai/

による暴行・破壊、盗難などは住宅総合保険でしか補償されません。しかし、現在は住宅総合保険や住宅火災保険という名前で販売されていない場合があります。例えば、筆者が契約している保険は、ホームライフ総合保険という名前がついている火災保険です。これは住宅総合保険が発展したものだと思うのですが、皆さんが契約されている火災保険が、どのような補償内容をカバーしているかということを、是非確認していただければと思います。

地震保険の方に説明が戻りますが、地震保険の保険金支払いでワースト10の支払いはどうなっているかを表１３－５に示しましたが、2011（平成23）年の東北地方太平洋沖地震、東日本大震災のことですが、これは支払い保険金１兆2000億円以上です。ただ注目して見ていただきたいのは、第４位の1995（平成７）年兵庫県南部地震、阪神・淡路大震災が、どうして４位かということですが、これは1995（平成７）年の阪神・淡路大震災が発生した当時は、地震保険に入っている人がとても少なく、当時の兵庫県の地震保険の加入率３％程度だったといわれています。ですから被害としてはとても大きかったのですが、保険に入っている人が少なかったので、保険金の支払いが少なかったです。今、地震保険に全国で大体30％から40％の人が入っているといわれているので、もし阪神・淡路大震災が、今の契約状況で起こったとしたら、支払い保険金はこの10倍あるいはそれ以上になっているのではないかと想像されます。

地震保険と火災保険についていろいろ説明しましたが、ポイントを最後に表１３－６にまとめます。

１番目として、地震保険は火災保険に入っていないと入れない。これは、地震保険単独で商品にしてしまうと、地震保険の契約だけが膨らんで、いざという時に支払いが大きくなって、地震保険の制度が破綻してしまうので、火災保険にくっつけて、つまり付帯して売るという形にしています。地震保険に入りたい人は、まず火災保険を契約して、それから「地震保険に加入します」というところをチェックして、地震保険に入るということです。

２番目、地震保険には建物や家財の価値の30％から50％しか補償されないなどの制限があります。これは、無尽蔵に地震保険の契約を引き受けてしまうと、いざという時、保険金が支払えなくて、地震保険の制度が破綻してしまうためで、１番と２番は、地震保険が巨額の支払いになることを懸念して、先に制限を設けているということです。

表１３－５　住宅向け地震保険による保険金の支払い事例

地震保険による保険金の支払い

地震保険金支払い額順

	地震名等	発生年月日	支払保険金(単位:億円)
1	平成23年東北地方太平洋沖地震	2011年　3月 11日	12,833
2	平成28年熊本地震	2016年　4月 14日	3,859
3	大阪府北部を震源とする地震	2018年　6月 18日	1,072
4	平成7年兵庫県南部地震	1995年　1月 17日	783
5	平成30年北海道胆振東部地震	2018年　9月　6日	387
6	宮城県沖を震源とする地震	2011年　4月　7日	324
7	福岡県西方沖光震源上市石地震	2005年　3月 20日	170
8	平成13年芸予地震	2001年　3月 24日	169
9	平成16年新潟県中越地震	2004年 10月 23日	149
10	平成19年新潟県中越沖地震	2007年　7月 16日	83

※日本地震再保険社調べ(2019年3月31日時点)
※支払保険金は、千万円単位で四捨五入を行い算出。
※東日本大震災に係る支払保険金は、3.11東北地方太平洋沖地震、3.15 静岡県東部を震源とする地震、4.7宮城県沖を震源とする地震および4.11福島県浜通りを震源とする地震などを合計した約1兆3,241億円。

＜出典＞日本損害保険協会ホームページ
https://www.sonpo.or.jp/report/statistics/disaster/index.html

表１３－６　地震保険と火災保険のポイント（筆者作成）

1. 地震保険は、火災保険に入っていないと入れない。
2. 地震保険には、建物や家財の価値の30～50%しか補償されないなどの制限がある。
3. 地震による火災は、火災保険でなく地震保険に入っていないと補償されない。
4.火災保険は、火災だけでなく、落雷、爆発、雪、ひょう、風などによる損害も補償する。
5.水害が補償されるかどうかは、入っている火災保険の内容によるので、確認しよう！

３番目が少し大事なのですが、地震による火災は、火災保険ではなくて地震保険に入っていないと補償されません。これは、阪神･淡路大震災の時、このことが周知されていなかったので、かなり裁判で問題になったのですが、約款という契約書にこのことが明記されていたので、やはり保険会社側の方が勝っています。地震による火災は、火災保険ではなく地震保険に入っていないと補償されないということはぜひ覚えておいてください。

４番目は火災保険の説明ですが、火災保険は火災という名前がついていますが、火災だけではなく落雷、爆発、雪、ひょう、風などによる損害も補償されます。筆者も自宅で大雪が降ったときに、雨樋が壊れたのですが、先ほどのホームライフ総合保険で、雪の被害も補償してもらって、30万円ぐらい保険金をもらったということがあります。ですから、雪でも風でも、火災保険で補償されるのだということを覚えておくと、そういう時に保険金がもらえるということです。

最後５番目に、火災保険で水害が補償されるかどうかは、入っている火災保険の内容によるので確認しましょう。水害が補償されるかどうかだけは、家の火災保険の保険証券をよく見て、チェックしておいてください。

【著者紹介】佐伯　琢磨（さえき　たくま）

神戸学院大学現代社会学部社会防災学科　教授

1970年東京生まれ横浜育ち、博士（工学）［東京工業大学、2001年］、一級建築士、専門は災害リスク評価。1995年より損害保険やリスクマネジメントの業務に従事した後、人と防災未来センター、防災科学技術研究所、京都大学防災研究所特任准教授などを経て、現職。

はじめての災害学

発行日　2023年3月15日
著　者　佐伯　琢磨©
装　丁　二宮　光©
発行人　中村　恵
発　行　神戸学院大学出版会

印刷所　モリモト印刷株式会社

発　売　**株式会社エピック**
651－0093　神戸市中央区二宮町1－3－2
電話 078（241）7561　FAX 078（241）1918
https://epic.jp　E-mail: info@epic.jp

ISBN 978-4-89985-227-8 C3037